Z + 2285.   Réserve
B.8.

C.

3497-98

ŒUVRES

COMPLÈTES

DE

VICTOR HUGO.

—

DRAME.

ŒUVRES

DE

VICTOR HUGO.

𝕯rames.

ÉVERAT, IMPRIMEUR,
Rue du Cadran, 16.

MARIE
D'ANGLETERRE

PUBLIÉ
PAR
EUGÈNE RENDUEL

CÉLESTIN NANTEUIL

ŒUVRES

DE

VICTOR HUGO.

—

DRAMES.

—

VI.

MARIE TUDOR.

———

PARIS,

EUGÈNE RENDUEL,

LIBRAIRE-ÉDITEUR,

RUE DES GRANDS-AUGUSTINS, N° 22.

1833.

MARIE TUDOR.

PERSONNAGES.	ACTEURS.
MARIE, Reine.	Mlle Georges.
JANE.	Mlle Juliette.
GILBERT.	M. Lockroy.
FABIANO FABIANI.	M. Delafosse.
SIMON RENARD.	M. Provost.
JOSHUA FARNABY.	M. Valmore.
Un Juif.	M. Chilly.
Lord CLINTON.	M. Auguste.
Lord CHANDOS.	M. Monval.
Lord MONTAGU.	M. Tournan.
Maître ENEAS DULVERTON.	M. Delaistre.
Lord GARDINER.	M. Héret.
Un Geôlier.	M. Vissot.

Seigneurs. Pages. Gardes. Le Bourreau.

Londres. — 1553.

PREMIÈRE JOURNÉE.

L'Homme du Peuple.

PERSONNAGES.

GILBERT.

FABIANO FABIANI.

SIMON RENARD.

Lord CHANDOS.

Lord CLINTON.

Lord MONTAGU.

JOSHUA FARNABY.

JANE.

Un Juif.

PREMIÈRE JOURNÉE.

Le bord de la Tamise. Une grève déserte. Un vieux parapet en ruine cache le bord de l'eau. A droite, une maison de pauvre apparence. A l'angle de cette maison, une statuette de la Vierge, au pied de laquelle une étoupe brûle dans un treillis de fer. Au fond, au-delà de la Tamise, Londres. On distingue deux hauts édifices, la tour de Londres et Westminster. — Le jour commence à baisser.

SCÈNE PREMIÈRE.

Plusieurs Hommes groupés çà et là sur la grève, parmi lesquels SIMON RENARD ; JOHN BRIDGES, Baron CHANDOS; ROBERT CLINTON, Baron CLINTON ; ANTHONY BROWN, Vicomte de MONTAGU.

LORD CHANDOS.

Vous avez raison, mylord. Il faut que ce damné Italien ait ensorcelé la reine. La reine ne peut plus se passer de lui. Elle ne vit que par lui, elle n'a de joie qu'en lui, elle n'écoute que lui. Si elle est un jour sans le voir, ses yeux deviennent languissans, comme du temps où elle aimait le cardinal Polus, vous savez?

SIMON RENARD.

Très-amoureuse, c'est vrai, et par conséquent très-jalouse.

LORD CHANDOS.

L'Italien l'a ensorcelée!

LORD MONTAGU.

Au fait, on dit que ceux de sa nation ont des philtres pour cela.

LORD CLINTON.

Les Espagnols sont habiles aux poisons qui font mourir, les Italiens aux poisons qui font aimer.

LORD CHANDOS.

Le Fabiani alors est tout à la fois espagnol et italien. La reine est amoureuse et malade. Il lui a fait boire des deux.

LORD MONTAGU.

Ah ça, en réalité, est-il espagnol ou italien?

LORD CHANDOS.

Il paraît certain qu'il est né en Italie, dans la Capitanate, et qu'il a été élevé en Espagne. Il se prétend allié à une grande famille espagnole. Lord Clinton sait cela sur le bout du doigt.

LORD CLINTON.

Un aventurier. Ni espagnol, ni italien. Encore moins anglais, Dieu merci! Ces hommes qui ne sont d'aucun pays n'ont point de pitié pour les pays quand ils sont puissans!

LORD MONTAGU.

Ne disiez-vous pas la reine malade, Chandos? Cela ne l'empêche pas de mener vie joyeuse avec son favori.

LORD CLINTON.

Vie joyeuse! vie joyeuse! Pendant que la reine rit, le peuple pleure. Et le favori est gorgé. Il mange de l'argent et boit de l'or, cet homme! La reine lui a donné les biens de lord Talbot, du grand lord Talbot! la reine l'a fait comte de Clanbrassil et baron de Dinasmonddy, ce Fabiano Fabiani qui

se dit de la famille espagnole de Peñalver, et qui
en a menti! Il est pair d'Angleterre comme vous,
Montagu, comme vous, Chandos, comme Stanley, comme Norfolk, comme moi, comme le roi!
Il a la jarretière comme l'infant de Portugal,
comme le roi de Danemarck, comme Thomas
Percy, septième comte de Northumberland! Et
quel tyran que ce tyran qui nous gouverne de son
lit! Jamais rien de si dur n'a pesé sur l'Angleterre.
J'en ai pourtant vu, moi qui suis vieux! Il y a
soixante-dix potences neuves à Tyburn; les bû-
chers sont toujours braise et jamais cendre; la
hache du bourreau est aiguisée tous les matins et
ébréchée tous les soirs. Chaque jour c'est quelque
grand gentilhomme qu'on abat. Avant-hier c'était
Blantyre, hier Northcurry, aujourd'hui South-
Reppo, demain Tyrconnel. La semaine prochaine
ce sera vous, Chandos, et le mois prochain ce sera
moi. Mylords! mylords! c'est une honte et c'est
une impiété que toutes ces bonnes têtes anglaises
tombent ainsi pour le plaisir d'on ne sait quel misérable aventurier qui n'est même pas de ce pays!
C'est une chose affreuse et insupportable de penser
qu'un favori napolitain peut tirer autant de billots
qu'il en veut de dessous le lit de cette reine! Ils
mènent tous deux joyeuse vie, dites-vous. Par le

ciel ! c'est infâme ! Ah ! ils mènent joyeuse vie, les amoureux, pendant que le coupe-tête à leur porte fait des veuves et des orphelins ! Oh ! leur guitare italienne est trop accompagnée du bruit des chaînes ! Madame la reine ! vous faites venir des chanteurs de la chapelle d'Avignon, vous avez tous les jours dans votre palais des comédies, des théâtres, des estrades pleines de musiciens. Pardieu, madame, moins de joie chez vous, s'il vous plaît, et moins de deuil chez nous. Moins de baladins ici, et moins de bourreaux là. Moins de tréteaux à Westminster et moins d'échafauds à Tyburn !

LORD MONTAGU.

Prenez garde. Nous sommes loyaux sujets, mylord Clinton. Rien sur la reine, tout sur Fabiani.

SIMON RENARD, posant la main sur l'épaule de lord Clinton.

Patience !

LORD CLINTON.

Patience ! cela vous est facile à dire à vous, monsieur Simon Renard. Vous êtes bailli d'Amont en Franche-Comté, sujet de l'empereur et son légat

à Londres. Vous représentez ici le prince d'Espagne, futur mari de la reine. Votre personne est
sacrée pour le favori. Mais nous, c'est autre chose.
—Voyez-vous? Fabiani, pour vous, c'est le berger;
pour nous, c'est le boucher.

La nuit est tout-à-fait tombée.

SIMON RENARD.

Cet homme ne me gêne pas moins que vous.
Vous ne craignez que pour votre vie, je crains
pour mon crédit, moi. C'est bien plus. Je ne parle
pas, j'agis. J'ai moins de colère que vous, mylord,
j'ai plus de haine. Je détruirai le favori.

LORD MONTAGU.

Oh ! comment faire ! j'y songe tout le jour.

SIMON RENARD.

Ce n'est pas le jour que se font et se défont les
favoris des reines, c'est la nuit.

LORD CHANDOS.

Celle-ci est bien noire et bien affreuse!

SIMON RENARD.

Je la trouve belle pour ce que j'en veux faire.

LORD CHANDOS.

Qu'en voulez-vous faire ?

SIMON RENARD.

Vous verrez. — Mylord Chandos, quand une femme règne, le caprice règne. Alors la politique n'est plus chose de calcul, mais de hasard. On ne peut plus compter sur rien. Aujourd'hui n'amène plus logiquement demain. Les affaires ne se jouent plus aux échecs, mais aux cartes.

LORD CLINTON.

Tout cela est fort bien, mais venons au fait. Monsieur le bailli, quand nous aurez-vous délivrés du favori ? cela presse. On décapite demain Tyrconnel.

SIMON RENARD.

Si je rencontre cette nuit un homme comme j'en cherche un, Tyrconnel soupera avec vous demain soir.

LORD CLINTON.

Que voulez-vous dire ? Que sera devenu Fabiani ?

SIMON RENARD.

Avez-vous de bons yeux, mylord?

LORD CLINTON.

Oui, quoique je sois vieux et que la nuit soit noire.

SIMON RENARD.

Voyez-vous Londres de l'autre côté de l'eau ?

LORD CLINTON.

Oui, pourquoi?

SIMON RENARD.

Regardez bien. On voit d'ici le haut et le bas de la fortune de tout favori , Westminster et la tour de Londres.

LORD CLINTON.

Eh bien?

SIMON RENARD.

Si Dieu m'est en aide, il y a un homme qui au moment où nous parlons est encore là, —

Il montre Westminster.

et qui demain à pareille heure sera ici.

Il montre la tour.

LORD CLINTON.

Que Dieu vous soit en aide !

LORD MONTAGU.

Le peuple ne le hait pas moins que nous. Quelle fête dans Londres le jour de sa chute !

LORD CHANDOS.

Nous nous sommes mis entre vos mains, monsieur le bailli, disposez de nous. Que faut-il faire ?

SIMON RENARD, *montrant la maison près de l'eau.*

Vous voyez bien tous cette maison. C'est la maison de Gilbert, l'ouvrier ciseleur. Ne la perdez pas de vue. Dispersez-vous avec vos gens, mais sans trop vous écarter. Surtout ne faites rien sans moi.

LORD CHANDOS.

C'est dit.

Tous sortent de divers côtés.

SIMON RENARD, *resté seul.*

Un homme comme celui qu'il me faut n'est pas facile à trouver.

Il sort. — Entrent Jane et Gilbert se tenant sous le bras; ils vont du côté de la maison. Joshua Farnaby les accompagne, enveloppé d'un manteau.

SCÈNE DEUXIÈME.

JANE, GILBERT, JOSHUA FARNABY.

JOSHUA.

Je vous quitte ici, mes bons amis. Il est nuit, et
il faut que j'aille reprendre mon service de porte-
clefs à la tour de Londres. Ah, c'est que je ne
suis pas libre comme vous, moi! voyez-vous? un
guichetier, ce n'est qu'une espèce de prisonnier.
Adieu, Jane. Adieu, Gilbert. Mon Dieu, mes amis,
que je suis donc heureux de vous voir heureux! Ah
ça, Gilbert, à quand la noce?

GILBERT.

Dans huit jours, n'est-ce pas, Jane?

JOSHUA.

Sur ma foi, c'est après demain la Noël. Voici le
jour des souhaits et des étrennes, mais je n'ai rien
à vous souhaiter. Il est impossible de désirer plus
de beauté à la fiancée et plus d'amour au fiancé!
Vous êtes heureux!

GILBERT.

Bon Joshua ! et toi, est-ce que tu n'es pas heureux ?

JOSHUA.

Ni heureux, ni malheureux. J'ai renoncé à tout, moi. Vois-tu, Gilbert,

Il entr'ouvre son manteau et laisse voir un trousseau de clefs, qui pend à sa ceinture.

des clefs de prisons qui vous sonnent sans cesse à la ceinture, cela parle, cela vous entretient de toutes sortes de pensées philosophiques. Quand j'étais jeune, j'étais comme un autre, amoureux tout un jour, ambitieux tout un mois, fou toute l'année. C'était sous le roi Henri VIII que j'étais jeune. Un homme singulier que ce roi Henri VIII. Un homme qui changeait de femmes, comme une femme change de robes. Il répudia la première, il fit couper la tête à la seconde, il fit ouvrir le ventre à la troisième; quant à la quatrième, il lui fit grâce, il la chassa; mais en revanche il fit couper la tête à la cinquième. Ce n'est pas le conte de Barbe-Bleue que je vous fais là, belle Jane, c'est l'histoire de Henri VIII. Moi, dans ce temps-là, je m'occupais de guerres de religion, je me battais pour l'un et pour l'autre. C'était ce qu'il y avait de mieux alors.

La question d'ailleurs était fort épineuse. Il s'agissait d'être pour ou contre le pape. Les gens du roi pendaient ceux qui étaient pour, mais ils brûlaient ceux qui étaient contre. Les indifférens, ceux qui n'étaient ni pour ni contre, on les brûlait ou on les pendait, indifféremment. S'en tirait qui pouvait. Oui, la corde; non, le fagot; ni oui ni non, le fagot et la corde. Moi qui vous parle, j'ai senti le roussi bien souvent, et je ne suis pas sûr de n'avoir pas été deux ou trois fois dépendu. C'était un beau temps; a peu près pareil à celui-ci. Oui, je me battais pour tout cela. Du diable si je sais maintenant pour qui et pour quoi je me battais. Si l'on me reparle de maître Luther et du pape Paul III, je hausse les épaules. Vois-tu, Gilbert, quand on a des cheveux gris, il ne faut pas revoir les opinions pour qui l'on faisait la guerre et les femmes à qui l'on faisait l'amour à vingt ans. Femmes et opinions vous paraissent bien laides, bien vieilles, bien chétives, bien édentées, bien ridées, bien sottes. C'est mon histoire. Maintenant je suis retiré des affaires. Je ne suis plus soldat du roi, ni soldat du pape, je suis geôlier à la Tour de Londres. Je ne me bats plus pour personne, et je mets tout le monde sous clef. Je suis guichetier et je suis vieux; j'ai un pied dans une

prison et l'autre dans la fosse. C'est moi qui ramasse les morceaux de tous les ministres et de tous
les favoris qui se cassent chez la reine. C'est fort
amusant. Et puis j'ai un petit enfant que j'aime,
et puis vous deux que j'aime aussi, et si vous êtes
heureux, je suis heureux!

GILBERT.

En ce cas, sois heureux, Joshua! N'est-ce pas,
Jane?

JOSHUA.

Moi, je ne puis rien pour ton bonheur, mais
Jane peut tout; tu l'aimes! je ne te rendrai
même aucun service de ma vie. Tu n'es heureuse-
ment pas assez grand seigneur pour avoir jamais
besoin du porte-clef de la Tour de Londres. Jane
acquittera ma dette en même temps que la sienne.
Car, elle et moi, nous te devons tout. Jane
n'était qu'une pauvre enfant orpheline abandonnée,
tu l'as recueillie et élevée. Moi, je me noyais un
beau jour dans la Tamise; tu m'as tiré de l'eau.

GILBERT.

A quoi bon toujours parler de cela, Joshua?

JOSHUA.

C'est pour dire que notre devoir, à Jane et à

moi, est de t'aimer, moi, comme un frère, elle...
— pas comme une sœur!

JANE.

Non, comme une femme. Je vous comprends,
Joshua.

Elle retombe dans sa rêverie.

GILBERT, bas à Joshua.

Regarde-la, Joshua! n'est-ce pas qu'elle est
belle et charmante, et qu'elle serait digne d'un
roi? Si tu savais! tu ne peux pas te figurer comme
je l'aime!

JOSHUA.

Prends garde, c'est imprudent; une femme, ça
ne s'aime pas tant que ça; un enfant, à la bonne
heure!

GILBERT.

Que veux-tu dire?

JOSHUA.

Rien. — Je serai de votre noce dans huit jours.
— J'espère qu'alors les affaires d'état me laisse-
ront un peu de liberté, et que tout sera fini.

GILBERT.

Quoi? qu'est-ce qui sera fini?

Ah! tu ne t'occupes pas de ces choses-là, toi,
Gilbert. Tu es amoureux. Tu es du peuple. Et
qu'est-ce que cela te fait les intrigues d'en haut,
à toi qui es heureux en bas? Mais, puisque tu me
questionnes, je te dirai qu'on espère que d'ici à
huit jours, d'ici à vingt-quatre heures peut-être,
Fabiano Fabiani sera remplacé près de la reine par
un autre.

GILBERT.

Qu'est-ce que c'est que Fabiano Fabiani?

JOSHUA.

C'est l'amant de la reine, c'est un favori très-
célèbre et très-charmant, un favori qui a plus vite
fait couper la tête à un homme qui lui déplaît
qu'un bourgmestre flamand n'a mangé une cuil-
lerée de soupe, le meilleur favori que le bourreau
de la Tour de Londres ait eu depuis dix ans. Car
tu sais que le bourreau reçoit, pour chaque tête de
grand seigneur, dix écus d'argent, et quelquefois le
double, quand la tête est tout-à-fait considérable.
— On souhaite fort la chute de ce Fabiani. — Il est
vrai que dans mes fonctions à la Tour je n'entends
guère gloser sur son compte que des gens d'assez

mauvaise humeur, des gens à qui l'on doit couper le cou d'ici à un mois, des mécontens.

GILBERT.

Que les loups se dévorent entre eux! que nous importe, à nous, la reine et le favori de la reine? n'est-ce pas, Jane?

JOSHUA.

Oh! il y a une fière conspiration contre Fabiani! s'il s'en tire, il sera heureux. Je ne serais pas surpris qu'il y eût quelque coup de fait cette nuit. Je viens de voir rôder par là maître Simon Renard tout rêveur.

GILBERT.

Qu'est-ce que c'est que maître Simon Renard?

JOSHUA.

Comment ne sais-tu pas cela? c'est le bras droit de l'empereur à Londres. La reine doit épouser le prince d'Espagne, dont Simon Renard est le légat près d'elle. La reine le hait ce Simon Renard; mais elle le craint, et ne peut rien contre lui. Il a déjà détruit deux ou trois favoris. C'est son instinct de détruire les favoris. Il nettoie le palais de temps en temps. Un homme subtil et très-malicieux, qui sait tout ce qui se passe, et qui creuse toujours deux ou trois étages d'intrigues souterraines sous tous les événemens. Quant à lord Paget, — ne m'as-tu pas demandé aussi ce que c'était que lord Paget? — c'est un gentilhomme délié, qui a été dans les affaires sous Henri VIII. Il est membre du conseil étroit. Un tel ascendant que les autres ministres n'osent pas souffler devant lui. Excepté le chancelier cependant, mylord Gardiner, qui le déteste. Un homme violent, ce Gardiner, et très-bien né. Quant à Paget, ce n'est rien du tout. Le fils d'un savetier. Il va être fait baron Paget de Beaudesert en Stafford.

GILBERT.

Comme il vous débite couramment toutes ces choses-là, ce Joshua!

JOSHUA.

Pardieu! à force d'entendre causer les prisonniers d'état.

Simon Renard paraît au fond du théâtre.

— Vois-tu, Gilbert, l'homme qui sait le mieux l'histoire de ce temps-ci, c'est le guichetier de la Tour de Londres.

SIMON RENARD , qui a entendu les dernières paroles , du fond du théâtre.

Vous vous trompez, mon maître, c'est le bourreau.

JOSHUA , bas à Jane et à Gilbert.

Reculons-nous un peu.

Simon Renard s'éloigne lentement.—Quand Simon Renard a disparu.

— C'est précisément maître Simon Renard.

GILBERT.

Tous ces gens qui rôdent autour de ma maison me déplaisent.

JOSHUA.

Que diable vient-il faire par ici? Il faut que je m'en retourne vite; je crois qu'il me prépare de la besogne. Adieu, Gilbert. Adieu, belle Jane.—Je vous ai pourtant vue pas plus haute que cela!

GILBERT.

Adieu, Joshua. — Mais, dis moi, qu'est-ce que tu caches donc là, sous ton manteau?

JOSHUA.

Ah! j'ai mon complot aussi, moi.

GILBERT.

Quel complot?

JOSHUA.

Oh! amoureux qui oubliez tout! je viens de vous rappeler que c'était après demain le jour des étrennes et des cadeaux. Les seigneurs complotent une surprise à Fabiani, moi, je complote de mon côté. La reine va se donner peut-être un favori tout neuf. Moi, je vais donner une poupée à mon enfant.

Il tire une poupée de dessous son manteau.

— Toute neuve aussi. — Nous verrons lequel des deux aura le plus vite brisé son joujou. — Dieu vous garde, mes amis!

GILBERT.

Au revoir, Joshua.

Joshua s'éloigne. Gilbert prend la main de Jane, et la baise avec passion.

JOSHUA, au fond du théâtre.

Oh! que la providence est grande! elle donne à chacun son jouet, la poupée à l'enfant, l'enfant à l'homme, l'homme à la femme, et la femme au diable!

Il sort.

SCÈNE TROISIÈME,

GILBERT, JANE.

GILBERT.

Il faut que je vous quitte aussi. Adieu, Jane, dormez bien.

JANE.

Vous ne rentrez pas ce soir avec moi, Gilbert ?

GILBERT.

Je ne puis. Vous savez, je vous l'ai déjà dit, Jane, j'ai un travail à terminer à mon atelier cette nuit. Un manche de poignard à ciseler pour je ne sais quel lord Clanbrassil, que je n'ai jamais vu, et qui me l'a fait demander pour demain matin.

JANE.

Alors, bon soir, Gilbert. A demain.

GILBERT.

Non, Jane, encore un instant. Ah! mon Dieu! que j'ai de peine à me séparer de vous, fût-ce pour quelques heures! Qu'il est bien vrai que vous êtes ma vie et ma joie! il faut pourtant que j'aille travailler, nous sommes si pauvres! Je ne veux pas entrer, car je resterais, et cependant je ne puis partir, homme faible que je suis! Tenez, asseyons-nous quelques minutes à la porte, sur ce banc; il me semble qu'il me sera moins difficile de m'en aller que si j'entrais dans la maison, et surtout dans votre chambre. Donnez-moi votre main.

Il s'assied et lui prend les deux mains dans les siennes, elle debout.

— Jane! m'aimes-tu?

JANE.

Oh! je vous dois tout, Gilbert! je le sais, quoique vous me l'ayez caché long-temps. Toute petite, presque au berceau, j'ai été abandonnée par mes parens, vous m'avez prise. Depuis seize ans, votre bras a travaillé pour moi comme celui d'un père, vos yeux ont veillé sur moi comme ceux d'une mère. Qu'est-ce que je serais sans vous, mon Dieu! Tout ce que j'ai, vous me l'avez donné, tout ce que je suis, vous l'avez fait.

GILBERT.

Jane! m'aimes-tu?

JANE.

Quel dévoûment que le vôtre, Gilbert! vous travaillez nuit et jour pour moi, vous vous brûlez les yeux, vous vous tuez. Tenez, voilà encore que vous passez la nuit aujourd'hui. Et jamais un reproche, jamais une dureté, jamais une colère. Vous si pauvre! jusqu'à mes petites coquetteries de femme, vous en avez pitié, vous les satisfaites. Gilbert, je ne songe à vous que les larmes aux yeux. Vous avez quelquefois manqué de pain, je n'ai jamais manqué de rubans.

GILBERT.

Jane! m'aimes-tu?

JANE.

Gilbert, je voudrais baiser vos pieds!

GILBERT.

M'aimes-tu? m'aimes-tu? Oh! tout cela ne me

dit pas que tu m'aimes. C'est de ce mot là que j'ai
besoin, Jane! de la reconnaissance, toujours de la
reconnaissance! oh! je la foule aux pieds, la reconnaissance! je veux de l'amour, ou rien. —
Mourir! — Jane, depuis seize ans tu es ma fille,
tu vas être ma femme maintenant. Je t'avais adoptée, je veux t'épouser. Dans huit jours! tu sais, tu
me l'a promis, tu as consenti, tu es ma fiancée.
Oh! tu m'aimais quand tu m'as promis cela. O
Jane! il y a eu un temps, te rappelles-tu, où tu
me disais : je t'aime! en levant tes beaux yeux au
ciel. C'est toujours comme cela que je te veux.
Depuis plusieurs mois il me semble que quelque
chose est changé en toi, depuis trois semaines surtout que mon travail m'oblige à m'absenter quelquefois les nuits. O Jane! je veux que tu m'aimes,
moi. Je suis habitué à cela. Toi, si gaie auparavant,
tu es toujours triste et préoccupée à présent, pas
froide, pauvre enfant, tu fais ton possible pour ne
pas l'être; mais je sens bien que les paroles d'amour
ne te viennent plus bonnes et naturelles comme autrefois. Qu'as-tu? Est-ce que tu ne m'aimes plus?
Sans doute je suis un honnête homme, sans doute je
suis un bon ouvrier; sans doute, sans doute, mais
je voudrais être un voleur et un assassin et être aimé de toi! — Jane! si tu savais comme je t'aime!

JANE.

Je le sais, Gilbert, et j'en pleure.

GILBERT.

De joie ! n'est-ce pas? Dis-moi que c'est de joie.
Oh ! j'ai besoin de le croire. Il n'y a que cela au
monde, être aimé. Je ne suis qu'un pauvre cœur
d'ouvrier, mais il faut que ma Jane m'aime. Que
me parles-tu sans cesse de ce que j'ai fait pour toi?
Un seul mot d'amour de toi, Jane, laisse toute la
reconnaissance de mon côté. Je me damnerai et je
commettrai un crime quand tu voudras. Tu seras
ma femme, n'est-ce pas, et tu m'aimes? Vois-tu,
Jane, pour un regard de toi je donnerais mon travail et ma peine; pour un sourire, ma vie; pour
un baiser, mon âme !

JANE.

Quel noble cœur vous avez, Gilbert !

GILBERT.

Écoute, Jane ! ris si tu veux, je suis fou, je suis
jaloux ! c'est comme cela. Ne t'offense pas. Depuis
quelque temps il me semble que je vois bien des

jeunes seigneurs rôder par ici. Sais-tu, Jane, que j'ai trente-quatre ans? Quel malheur pour un misérable ouvrier gauche et mal vêtu comme moi, qui n'est plus jeune, qui n'est pas beau, d'aimer une belle et charmante enfant de dix-sept ans, qui attire les beaux jeunes gentilshommes dorés et chamarrés comme une lumière attire les papillons! Oh! je souffre, va! je ne t'offense jamais dans ma pensée, toi si honnête, toi si pure, toi dont le front n'a encore été touché que par mes lèvres! Je trouve seulement quelquefois que tu as trop de plaisir à voir passer les cortéges et les cavalcades de la reine, et tous ces beaux habits de satin et de velours sous lesquels il y a si peu de cœurs et si peu d'âmes! Pardonne-moi. — Mon Dieu! pourquoi donc vient-il par ici tant de jeunes gentilshommes? Pourquoi ne suis-je pas jeune, beau, noble et riche? Gilbert, l'ouvrier ciseleur, voilà tout. Eux c'est lord Chandos, lord Gerard Fitz-Gerard, le comte d'Arundel, le duc de Norfolk! oh! que, je les hais! je passe ma vie à ciseler pour eux des poignées d'épées dont je voudrais leur mettre la lame dans le ventre.

JANE.

Gilbert!...

GILBERT.

Pardon, Jane. N'est-ce pas, l'amour rend bien méchant?

JANE.

Non, bien bon. — Vous êtes bon, Gilbert.

GILBERT.

Oh! que je t'aime. Tous les jours davantage. Je voudrais mourir pour toi. Aime-moi ou ne m'aime pas, tu en es bien la maîtresse. Je suis fou. Pardonne-moi tout ce que je t'ai dit. Il est tard, il faut que je te quitte, adieu. Mon Dieu! que c'est triste de te quitter! Rentre chez toi. Est-ce que tu n'as pas ta clef?

JANE.

Non, depuis quelques jours je ne sais ce qu'elle est devenue.

GILBERT.

Voici la mienne. — A demain matin. — Jane, n'oublie pas ceci. Encore aujourd'hui ton père; dans huit jours ton mari.

Il la baise au front et sort.

JANE , restée seule.

Mon mari! oh non, je ne commettrai pas ce crime. Pauvre Gilbert, il m'aime, celui là, — et l'autre...! — Pourvu que je n'aie pas préféré la vanité à l'amour! malheureuse fille que je suis, dans la dépendance de qui suis-je maintenant? Oh! je suis bien ingrate et bien coupable! J'entends marcher, rentrons vite.

Elle entre dans la maison.

SCÈNE QUATRIÈME,

GILBERT, un Homme enveloppé d'un manteau et coiffé d'un bonnet jaune.

L'homme tient Gilbert par la main.

GILBERT.

Oui, je te reconnais, tu es le mendiant juif qui rôde depuis quelques jours autour de cette maison. Mais que me veux-tu? pourquoi m'as-tu pris la main et m'as-tu ramené ici?

L'HOMME.

C'est que ce que j'ai à vous dire, je ne puis vous le dire qu'ici.

GILBERT.

Hé bien! qu'est-ce donc? Parle, hâte-toi.

L'HOMME.

Écoutez, jeune homme. — Il y a seize ans, dans

3

la même nuit où lord Talbot, comte de Waterford, fut décapité aux flambeaux pour fait de papisme et de rebellion, ses partisans furent taillés en pièces dans Londres même par les soldats du roi Henri VIII. On s'arquebusa toute la nuit dans les rues. Cette nuit-là, un tout jeune ouvrier, beaucoup plus occupé de sa besogne que de la guerre, travaillait dans son échoppe. La première échoppe à l'entrée du pont de Londres. Une porte basse à droite. Il y a des restes d'ancienne peinture rouge sur le mur. Il pouvait être deux heures du matin. On se battait par-là. Les balles traversaient la Tamise en sifflant. Tout à coup, on frappa à la porte de l'échoppe à travers laquelle la lampe de l'ouvrier jetait quelque lueur. L'artisan ouvrit. Un homme qu'il ne connaissait pas entra. Cet homme portait dans ses bras un enfant au maillot fort effrayé et qui pleurait. L'homme déposa l'enfant sur la table, et dit : voici une créature qui n'a plus ni père ni mère. Puis il sortit lentement, et referma la porte sur lui. Gilbert, l'ouvrier, n'avait lui-même ni père ni mère. L'ouvrier accepta l'enfant, l'orphelin adopta l'orpheline. Il la prit, il la veilla, il la vêtit, il la nourrit, il la garda, il l'éleva, il l'aima. Il se donna tout entier à cette pauvre petite créature que la guerre civile jetait dans son échoppe.

Il oublia tout pour elle, sa jeunesse, ses amou-
rettes, son plaisir; il fit de cet enfant l'objet unique de son travail, de ses affections, de sa vie, et
voilà seize ans que cela dure. Gilbert, l'ouvrier,
c'était vous; l'enfant...

GILBERT.

C'était Jane. — Tout est vrai dans ce que tu dis,
mais où veux-tu en venir?

L'HOMME.

J'ai oublié de dire qu'aux langes de l'enfant il y
avait un papier attaché avec une épingle sur lequel
on avait écrit ceci : *ayez pitié de Jane.*

GILBERT.

C'était écrit avec du sang. J'ai conservé ce papier, je le porte toujours sur moi. Mais tu me mets
à la torture. Où veux-tu en venir, dis?

L'HOMME.

A ceci. — Vous voyez que je connais vos affaires. Gilbert! veillez sur votre maison cette nuit.

GILBERT.

Que veux-tu dire?

L'HOMME.

Plus un mot. N'allez pas à votre travail. Restez
dans les environs de cette maison. Veillez. Je ne
suis ni votre ami ni votre ennemi, mais c'est un
avis que je vous donne. Maintenant, pour ne pas
vous nuire à vous-même, laissez-moi. Allez-vous-
en de ce côté, et venez si vous m'entendez appeler
main-forte.

GILBERT.

Qu'est-ce que cela signifie?

Il sort à pas lents.

SCÈNE CINQUIÈME.

L'HOMME , seul.

La chose est bien arrangée ainsi. J'avais besoin de quelqu'un de jeune et de fort qui pût me prêter secours, s'il est nécessaire. Ce Gilbert est ce qu'il me faut. — Il me semble que j'entends un bruit de rames et de guitare sur l'eau. — Oui.

Il va au parapet.

On entend une guitare et une voix éloignée qui chante :

Quand tu chantes, bercée
Le soir entre mes bras ,
Entends-tu ma pensée
Qui te répond tout bas?
Ton doux chant me rappelle

Les plus beaux de mes jours.... —
        Chantez, ma belle!
        Chantez toujours!

L'HOMME.

C'est mon homme.

LA VOIX.

Elle s'approche à chaque couplet.

Quand tu ris, sur ta bouche
L'amour s'épanouit,
Et le soupçon farouche
Soudain s'évanouit!
Ah! le rire fidèle
Prouve un cœur sans détours.... —
        Riez, ma belle!
        Riez toujours!

Quand tu dors, calme et pure,
Dans l'ombre, sous mes yeux,
Ton haleine murmure

Des mots harmonieux.

Ton beau corps se révèle

Sans voile et sans atours.... —

    Dormez, ma belle,

    Dormez toujours !

Quand tu me dis : Je t'aime !

O ma beauté ! je croi !

Je crois que le ciel même

S'ouvre au-dessus de moi !

Ton regard étincelle

Du beau feu des amours.... —

    Aimez, ma belle,

    Aimez toujours !

Vois-tu ? toute la vie

Tient dans ces quatre mots,

Tous les biens qu'on envie,

Tous les biens sans les maux !

Tout ce qui peut séduire

Tout ce qui peut charmer.... —

    Chanter et rire,

    Dormir, aimer !

L'HOMME.

Il débarque. Bien. Il congédie le batelier. A merveille !

Revenant sur le devant du théâtre.

— Le voici qui vient.

Entre Fabiano Fabiani dans son manteau ; il se dirige vers la porte de la maison.

SCÈNE SIXIÈME.

L'HOMME, FABIANO FABIANI.

L'HOMME, arrêtant Fabiani.

Un mot, s'il vous plaît.

FABIANI.

On me parle, je crois. Quel est ce maraud? qui es-tu?

L'HOMME.

Ce qu'il vous plaira que je sois.

FABIANI.

Cette lanterne éclaire mal. Mais tu as un bonnet jaune, il me semble, un bonnet de Juif? est-ce que tu es un Juif?

L'HOMME.

Oui, un Juif. J'ai quelque chose à vous dire.

FABIANI.

Comment t'appelles-tu ?

L'HOMME.

Je sais votre nom, et vous ne savez pas le mien. J'ai l'avantage sur vous. Permettez-moi de le garder.

FABIANI.

Tu sais mon nom, toi? cela n'est pas vrai.

L'HOMME.

Je sais votre nom. A Naples, on vous appelait signor Fabiani; à Madrid, don Faviano; à Londres, on vous appelle lord Fabiano Fabiani, comte de Clanbrassil.

FABIANI.

Que le diable t'emporte !

L'HOMME.

Que Dieu vous garde !

FABIANI.

Je te ferai bâtonner. Je ne veux pas qu'on sache mon nom quand je vais devant moi la nuit.

L'HOMME.

Surtout quand vous allez où vous allez.

FABIANI.

Que veux-tu dire ?

L'HOMME.

Si la reine le savait !

FABIANI.

Je ne vais nulle part.

L'HOMME.

Si, mylord ! vous allez chez la belle Jane, la fiancée de Gilbert le ciseleur.

FABIANI, à part.

Diable ! voilà un homme dangereux.

L'HOMME.

Voulez-vous que je vous en dise davantage? vous avez séduit cette fille, et depuis un mois elle vous a reçu deux fois chez elle la nuit. C'est aujourd'hui la troisième. La belle vous attend.

FABIANO.

Tais-toi ! tais-toi ! Veux-tu de l'argent pour te taire ? combien veux-tu ?

L'HOMME.

Nous verrons cela tout à l'heure. Maintenant, mylord, voulez-vous que je vous dise pourquoi vous avez séduit cette fille ?

FABIANI.

Pardieu ! parce que j'en étais amoureux.

L'HOMME.

Non. Vous n'en étiez pas amoureux.

FABIANI.

Je n'étais pas amoureux de Jane?

L'HOMME.

Pas plus que de la reine. — Amour, non; calcul, oui.

FABIANI.

Ah çà, drôle, tu n'es pas un homme, tu es ma conscience habillée en Juif!

L'HOMME.

Je vais vous parler comme votre conscience, mylord. Voici toute votre affaire. Vous êtes le favori de la reine. La reine vous a donné la jarretière, la comté et la seigneurie. Choses creuses que cela! la jarretière, c'est un chiffon; la comté, c'est un mot; la seigneurie, c'est le droit d'avoir la tête tranchée. Il vous fallait mieux. Il vous fallait, mylord, de bonnes terres, de bons bailliages, de bons châteaux et de bons revenus en bonnes livres sterling. Or, le roi Henri VIII avait confisqué les biens de lord Talbot, décapité il y a seize ans. Vous vous êtes fait donner par la reine Marie les biens de lord Talbot. Mais pour que la donation fût valable, il fallait que lord Talbot fût mort sans postérité. S'il existait un héritier ou une héritière de lord Talbot, comme lord Talbot est mort pour la reine Marie et pour sa mère Catherine d'Aragon, comme lord Talbot était papiste, et comme la reine Marie est papiste, il n'est pas douteux que la reine Marie vous reprendrait les biens, tout favori que vous êtes, mylord, et les rendrait, par devoir, par reconnaissance et par religion, à l'héritier ou à l'héritière. Vous étiez assez tranquille de ce côté. Lord Talbot n'avait jamais eu qu'une petite fille qui avait disparu de son berceau à l'époque de l'exécution de son père, et que toute l'Angleterre croyait morte. Mais vos espions ont découvert dernièrement que dans la nuit où lord Talbot et son parti furent exterminés par Henri VIII, un enfant avait été mystérieusement déposé chez un ouvrier ciseleur du pont de Londres, et qu'il était probable que cet enfant, élevé sous le nom de Jane, était Jane Talbot, la petite fille disparue. Les preuves écrites de sa naissance manquaient, il est vrai, mais tous les jours elles pouvaient se retrouver. L'incident était fâcheux. Se voir peut-être forcé un jour de rendre à une petite fille Shrewsbury, Wexford, qui est une belle ville, et la magnifique comté de Waterford! c'est dur. Comment faire? Vous avez cherché un moyen de détruire et d'annuler la jeune fille. Un honnête homme l'eût fait assassiner ou empoisonner. Vous, mylord, vous avez mieux fait, vous l'avez déshonorée.

FABIANI.

Insolent !

L'HOMME.

C'est votre conscience qui parle, mylord. Un autre eût pris la vie à la jeune fille, vous lui avez pris l'honneur, et par conséquent l'avenir. La reine Marie est prude, quoiqu'elle ait des amans.

FABIANI.

Cet homme va au fond de tout.

L'HOMME.

La reine est d'une mauvaise santé; la reine peut mourir, et alors, vous favori, vous tomberiez en ruine sur son tombeau. Les preuves matérielles de l'état de la jeune fille peuvent se retrouver, et alors, si la reine est morte, toute déshonorée que

vous l'avez faite, Jane sera reconnue héritière de
Talbot. Eh bien ! vous avez prévu ce cas-là ; vous
êtes un jeune cavalier de belle mine, vous vous êtes
fait aimer d'elle, elle s'est donnée à vous, au pis-
aller, vous l'épouseriez. Ne vous défendez pas de
ce plan, mylord, je le trouve sublime. Si je n'étais
moi, je voudrais être vous.

FABIANI.

Merci.

L'HOMME.

Vous avez conduit la chose avec adresse. Vous
avez caché votre nom. Vous êtes à couvert du côté
de la reine. La pauvre fille croit avoir été séduite
par un chevalier du pays de Sommerset, nommé
Amyas Pawlet.

FABIANI.

Tout ! il sait tout ! Allons, maintenant, au fait,
que me veux-tu ?

L'HOMME.

Mylord, si quelqu'un avait en son pouvoir les
papiers qui constatent la naissance, l'existence et

le droit de l'héritière de Talbot, cela vous ferait pauvre comme mon ancêtre Job, et ne vous laisserait plus d'autres châteaux, don Fabiano, que vos châteaux en Espagne, ce qui vous contrarierait fort.

FABIANI.

Oui ; mais personne n'a ces papiers.

L'HOMME.

Si.

FABIANI.

Qui?

L'HOMME.

Moi.

FABIANI.

Bah! toi, misérable! ce n'est pas vrai. Juif qui parle, bouche qui ment.

L'HOMME.

J'ai ces papiers.

FABIANI.

Tu mens. Où les as-tu?

L'HOMME.

Dans ma poche.

FABIANI.

Je ne te crois pas. Bien en règle? il n'y manque rien?

L'HOMME.

Il n'y manque rien.

FABIANI.

Alors, il me les faut!

L'HOMME.

Doucement.

FABIANI.

Juif, donne-moi ces papiers.

L'HOMME.

Fort bien. — Juif! misérable mendiant qui passes dans la rue, donne-moi la ville de Shrews-bury, donne-moi la ville de Wexford, donne-

moi la comté de Waterford. — La charité, s'il
vous plaît!

FABIANI.

Ces papiers sont tout pour moi, et ne sont rien
pour toi.

L'HOMME.

Simon Renard et lord Chandos me les paieraient
bien cher.

FABIANI.

Simon Renard et lord Chandos sont les deux
chiens entre lesquels je te ferai pendre.

L'HOMME.

Vous n'avez rien autre chose à me proposer?
Adieu.

FABIANI.

Ici, juif! — Que veux-tu que je te donne pour
ces papiers?

L'HOMME.

Quelque chose que vous avez sur vous.

FABIANI.

Ma bourse ?

L'HOMME.

Fi donc ! voulez-vous la mienne ?

FABIANI.

Quoi, alors ?

L'HOMME.

Il y a un parchemin qui ne vous quitte jamais. C'est un blanc-seing que vous a donné la reine, et où elle jure sur sa couronne catholique d'accorder à celui qui le lui présentera la grâce, quelle qu'elle soit, qu'il lui demandera. Donnez-moi ce blanc-seing, vous aurez les titres de Jane Talbot. Papier pour papier.

FABIANI.

Que veux-tu faire de ce blanc-seing ?

L'HOMME.

Voyons. Jeu sur table, mylord. Je vous ai dit

vos affaires, je vais vous dire les miennes. Je suis
un des principaux argentiers juifs de la rue Kan-
tersten, à Bruxelles. Je prête mon argent. C'est
mon métier. Je prête dix et l'on me rend quinze.
Je prête à tout le monde, je prêterais au diable, je
prêterais au pape. Il y a deux mois, un de mes dé-
biteurs est mort sans m'avoir payé. C'était un an-
cien serviteur exilé de la famille Talbot. Le pauvre
homme n'avait laissé que quelques guenilles. Je les
fis saisir. Dans ces guenilles je trouvai une boîte et
dans cette boîte des papiers. Les papiers de Jane
Talbot, mylord, avec toute son histoire contée en
détail et appuyée de preuves pour des temps meil-
leurs. La reine d'Angleterre venait précisément de
vous donner les biens de Jane Talbot. Or, j'avais
justement besoin de la reine d'Angleterre pour un
prêt de dix mille marcs d'or. Je compris qu'il y avait
une affaire à faire avec vous. Je vins en Angleterre
sous ce déguisement, j'épiai vos démarches moi-
même, j'épiai Jane Talbot moi-même, je fais tout
moi-même. De cette façon j'appris tout, et me
voici. Vous aurez les papiers de Jane Talbot si
vous me donnez le blanc-seing de la reine. J'écrirai
dessus que la reine me donne dix mille marcs d'or.
On me doit quelque chose ici au bureau de l'excise

mais je ne chicanerai pas. Dix mille marcs d'or, rien de plus. Je ne vous demande pas la somme à vous, parce qu'il n'y a qu'une tête couronnée qui puisse la payer. Voilà parler nettement, j'espère. Voyez-vous, mylord, deux hommes aussi adroits que vous et moi n'ont rien à gagner à se tromper l'un l'autre. Si la franchise était bannie de la terre, c'est dans le tête-à-tête de deux fripons qu'elle devrait se retrouver.

FABIANI.

Impossible. Je ne puis te donner ce blanc-seing. Dix mille marcs d'or! Que dirait la reine? Et puis, demain je puis être disgracié; ce blanc-seing, c'est ma sauve-garde; ce blanc-seing, c'est ma tête.

L'HOMME.

Qu'est-ce que cela me fait?

FABIANI.

Demande-moi autre chose.

L'HOMME.

Je veux cela.

FABIANI.

Juif, donne-moi les papiers de Jane Talbot.

L'HOMME.

Mylord, donnez-moi le blanc-seing de la reine.

FABIANI.

Allons, Juif maudit ! il faut te céder.

Il tire un papier de sa poche.

L'HOMME.

Montrez-moi le blanc-seing de la reine.

FABIANI.

Montre-moi les papiers de Talbot.

L'HOMME.

Après.

Ils s'approchent de la lanterne. Fabiani, placé derrière le juif, de la main gauche lui tient le papier sous les yeux. L'homme l'examine.

L'HOMME, lisant.

« Nous, Marie, reine... » — C'est bien. — Vous

voyez que je suis comme vous, mylord. J'ai tout calculé. J'ai tout prévu.

FABIANI.

Il tire son poignard de la main droite et le lui enfonce dans la gorge.

Excepté ceci.

L'HOMME.

Oh! traître!... — A moi!

Il tombe. — En tombant, il jette dans l'ombre, derrière lui, sans que Fabiani s'en aperçoive, un paquet cacheté.

FABIANI, *se penchant sur le corps.*

Je le crois mort, ma foi! — Vite, ces papiers!

Il fouille le juif.

— Mais quoi! il n'a rien! rien sur lui! pas un papier, le vieux mécréant! Il mentait! il me trompait! il me volait! Voyez-vous cela, damné juif! Oh! il n'a rien, c'est fini! Je l'ai tué pour rien! ils sont tous ainsi, ces juifs. Le mensonge et le vol, c'est tout le juif! — Allons, débarrassons-nous du cadavre, je ne puis le laisser devant cette porte.

Allant au fond du théâtre.

—Voyons si le batelier est encore là, qu'il m'aide à le jeter dans la Tamise.

Il descend et disparaît derrière le parapet.

GILBERT, entrant par le côté opposé.

Il me semble que j'ai entendu un cri.

Il aperçoit le corps étendu à terre sous la lanterne.

— Quelqu'un d'assassiné ! — Le mendiant !

L'HOMME, se soulevant à demi.

Ah !... — vous venez trop tard, Gilbert.

Il désigne du doigt l'endroit où il a jeté le paquet.

— Prenez ceci, ce sont des papiers qui prouvent que Jane, votre fiancée, est la fille et l'héritière du dernier lord Talbot. Mon assassin est lord Clanbrassil, le favori de la reine. — Ah ! j'étouffe. — Gilbert ! venge-moi et venge-toi !... —

Il meurt.

GILBERT.

Mort ! — Que je me venge ? que veut-il dire ?

Jane, fille de lord Talbot! lord Clanbrassil! le favori de la reine! oh! je m'y perds!

Secouant le cadavre.

— Parle, encore un mot! — Il est bien mort.

SCÈNE SEPTIÈME.

GILBERT, FABIANI.

FABIANI, revenant.

Qui va là ?

GILBERT.

On vient d'assassiner un homme.

FABIANI.

Non, un Juif.

GILBERT.

Qui a tué cet homme?

FABIANI.

Pardieu ! vous ou moi.

GILBERT.

Monsieur!...

FABIANI.

Pas de témoins. Un cadavre à terre. Deux hommes à côté. Lequel est l'assassin? rien ne prouve que ce soit l'un plutôt que l'autre, moi plutôt que vous.

GILBERT.

Misérable! l'assassin, c'est vous.

FABIANI.

Eh bien oui, au fait! c'est moi. — Après?

GILBERT.

Je vais appeler les constables.

FABIANI.

Vous allez m'aider à jeter le corps à l'eau.

GILBERT.

Je vous ferai arrêter et punir.

FABIANI.

Vous m'aiderez à jeter le corps à l'eau.

GILBERT.

Vous êtes impudent !

FABIANI.

Croyez-moi, effaçons toute trace de ceci , vous y êtes plus intéressé que moi.

GILBERT.

Voilà qui est fort !

FABIANI.

Un de nous deux a fait le coup. Moi , je suis un grand seigneur, un noble lord. Vous , vous êtes un passant, un manant, un homme du peuple. Un gentilhomme qui tue un juif paie quatre sous d'amende. Un homme du peuple qui en tue un autre est pendu.

GILBERT.

Vous oseriez ?...

FABIANI.

Si vous me dénoncez, je vous dénonce. On me croira plutôt que vous. En tout cas, les chances sont inégales. Quatre sous d'amende pour moi, la potence pour vous.

GILBERT.

Pas de témoins! pas de preuves! Oh! ma tête s'égare. Le misérable me tient, il a raison.

FABIANI.

Vous aiderai-je à jeter le cadavre à l'eau?

GILBERT.

Vous êtes le démon!

FABIANI.

Gilbert prend le corps par la tête, Fabiano par les pieds; ils le portent jusqu'au parapet.

Oui. — Ma foi, mon cher, je ne sais plus au juste lequel de nous deux a tué cet homme.

Ils descendent derrière le parapet.

FABIANI, *reparaissant.*

Voilà qui est fait. — Bonne nuit, mon camarade, allez à vos affaires.

Il se dirige vers la maison et se retourne, voyant que Gilbert le suit.

— Hé bien! que voulez-vous? quelque argent pour

votre peine ? en conscience, je ne vous dois rien;
mais, tenez.

> Il donne sa bourse à Gilbert, dont le premier mouvement est un
> geste de refus, et qui accepte ensuite de l'air d'un homme qui se
> ravise.

—Maintenant, allez-vous-en. Hé bien! qu'attendez-
vous encore ?

GILBERT.

Rien.

FABIANI.

Ma foi, restez là si bon vous semble. A vous la
belle étoile, à moi la belle fille. Dieu vous garde.

> Il se dirige vers la porte de la maison et paraît se disposer à l'ouvrir.

GILBERT.

Où allez-vous ainsi?

FABIANI.

Pardieu ! chez moi.

GILBERT.

Comment, chez vous ?

FABIANI.

Oui.

GILBERT.

Quel est celui de nous deux qui rêve ? vous me disiez tout à l'heure que l'assassin du juif c'était moi, vous me dites à présent que cette maison-ci est la vôtre.

FABIANI.

Ou celle de ma maîtresse, ce qui revient au même.

GILBERT.

Répétez-moi ce que vous venez de dire.

FABIANI.

Je dis, l'ami, puisque vous voulez le savoir, que cette maison est celle d'une belle fille nommée Jane, qui est ma maîtresse.

GILBERT.

Et moi, je dis, mylord, que tu mens ! je dis que tu es un faussaire et un assassin, je dis que ta mère a été souffletée en place publique par le bourreau, et que je prendrai ta tête entre mes deux mains, vois-tu, et que je te couperai ta langue avec tes dents !

FABIANI.

Là , là. Quel est ce diable d'homme ?

GILBERT.

Je suis Gilbert le ciseleur. Jane est ma fiancée.

FABIANI.

Et moi, je suis le chevalier Amyas Pawlett. Jane est ma maîtresse.

GILBERT.

Tu mens, te dis-je, tu es lord Clanbrassil, le favori de la reine. Imbécile qui croit que je ne sais pas cela !

FABIANI , à part.

Tout le monde me connaît donc cette nuit ! — Encore un homme dangereux, et dont il faudra se défaire !

GILBERT.

Dis-moi sur-le-champ que tu as menti comme un lâche, et que Jane n'est pas ta maîtresse.

5

FABIANI.

Connais-tu son écriture?

Il tire un billet de sa poche.

— Lis ceci.

A part, pendant que Gilbert déploie convulsivement le papier.

— Il importe qu'il rentre chez lui et qu'il cherche querelle à Jane, cela donnera à mes gens le temps d'arriver.

GILBERT, lisant.

« Je serai seule cette nuit, vous pouvez venir. »
— Malédiction! mylord, tu as deshonoré ma fiancée, tu es un infâme! Rends-moi raison!

FABIANI, mettant l'épée à la main.

Je veux bien. Où est ton épée?

GILBERT.

O rage! être du peuple! n'avoir rien sur soi, ni épée, ni poignard! Va, je t'attendrai la nuit au coin d'une rue, et je t'enfoncerai mes ongles dans le cou, et je t'assassinerai, misérable!

FABIANI.

Là, là, vous êtes violent, mon camarade.

GILBERT.

Oh! mylord! je me vengerai de toi!

FABIANI.

Toi! te venger de moi! toi si bas, moi si haut!
tu es fou! je t'en défie.

GILBERT.

Tu m'en défies?

FABIANI.

Oui.

GILBERT.

Tu verras!

FABIANI, à part.

Il ne faut pas que le soleil de demain se lève
pour cet homme.

Haut.

— L'ami, crois-moi, rentre chez toi. Je suis fâ-

ché que tu aies découvert cela ; mais je te laisse la
belle. Mon intention d'ailleurs n'était pas de
pousser l'amourette plus loin. Rentre chez toi.

Il jette une clef aux pieds de Gilbert.

— Si tu n'as pas de clef, en voici une. Ou, si tu
l'aimes mieux, tu n'as qu'à frapper quatre coups
contre ce volet, Jane croira que c'est moi, et elle
t'ouvrira. Bonsoir.

Il sort.

SCÈNE HUITIÈME.

GILBERT, resté seul.

Il est parti! il n'est plus là! je ne l'ai pas pétri et broyé sous mes pieds, cet homme! Il a fallu le laisser partir! pas une arme sur moi!

Il aperçoit à terre le poignard avec lequel lord Clanbrassil a tué le juif; il le ramasse avec un empressement furieux.

—Ah! tu arrives trop tard! — tu ne pourras probablement tuer que moi! mais c'est égal, que tu sois tombé du ciel ou vomi par l'enfer, je te bénis! — Oh! Jane m'a trahi! Jane s'est donnée à cet infâme! Jane est l'héritière de lord Talbot! Jane est perdue pour moi!—Oh Dieu! voilà en une heure plus de choses terribles sur moi que ma tête n'en peut porter!

Simon Renard paraît dans les ténèbres au fond du théâtre.

— Oh! me venger de cet homme! me venger de ce lord Clanbrassil! Si je vais au palais de la reine, les laquais me chasseront à coups de pied

comme un chien! Oh! je suis fou, ma tête se
brise. Oh! cela m'est égal de mourir, mais je voudrais être vengé! je donnerais mon sang pour la
vengeance! N'y a-t-il personne au monde qui
veuille faire ce marché avec moi? Qui veut me
venger de lord Clanbrassil et prendre ma vie pour
paiement?...

SCÈNE NEUVIÈME.

GILBERT, SIMON RENARD.

SIMON RENARD, faisant un pas.

Moi.

GILBERT.

Toi ! qui es-tu ?

SIMON RENARD.

Je suis l'homme que tu désires.

GILBERT.

Sais-tu qui je suis ?

SIMON RENARD.

Tu es l'homme qu'il me faut.

GILBERT.

Je n'ai plus qu'une idée, sais-tu cela ? être vengé
de lord Clanbrassil, et mourir.

SIMON RENARD.

Tu seras vengé de lord Clanbrassil, et tu mourras.

GILBERT.

Qui que tu sois, merci!

SIMON RENARD.

Oui, tu auras la vengeance que tu veux; mais n'oublie pas à quelle condition. Il me faut ta vie.

GILBERT.

Prends-la.

SIMON RENARD.

C'est convenu?

GILBERT.

Oui.

SIMON RENARD.

Suis-moi.

GILBERT.

Où?

SIMON RENARD.

Tu le sauras.

GILBERT.

Songe que tu me promets de me venger !

SIMON RENARD.

Songe que tu me promets de mourir !

DEUXIÈME JOURNÉE.

La Reine.

PERSONNAGES.

LA REINE.
GILBERT.
FABIANO FABIANI.
SIMON RENARD.
JANE.
LES SEIGNEURS. LE BOURREAU.

DEUXIÈME JOURNÉE.

Une chambre de l'appartement de la Reine. — Un évangile
ouvert sur un prie-dieu. La couronne royale sur un escabeau.
— Portes latérales. Une large porte au fond. — Une partie
du fond masquée par une grande tapisserie de haute lice.

SCÈNE PREMIÈRE.

LA REINE, splendidement vêtue, couchée sur un lit de repos ;
FABIANO FABIANI, assis sur un pliant à côté ; magnifique
costume, la jarretière.

FABIANI, une guitare à la main, chantant.

Quand tu dors, calme et pure,

Dans l'ombre sous mes yeux,

Ton haleine murmure

Des mots harmonieux.

Ton beau corps se révèle

Sans voile et sans atours.... —

Dormez, ma belle,

Dormez toujours !

Quand tu me dis : Je t'aime!

O ma beauté, je croi

Je crois que le ciel même

S'ouvre au-dessus de moi !

Ton regard étincelle

Du beau feu des amours.... —

    Aimez, ma belle,

    Aimez toujours !

Vois-tu? toute la vie

Tient dans ces quatre mots,

Tous les biens qu'on envie,

Tous les biens sans les maux !

Tout ce qui peut séduire

Tout ce qui peut charmer.... —

    Chanter et rire,

    Dormir, aimer!

              Il pose la guitare à terre.

Oh! je vous aime plus que je ne peux dire, madame! mais ce Simon Renard! ce Simon Renard, plus puissant que vous-même ici! je le hais.

LA REINE.

Vous savez bien que je n'y puis rien, mylord.
Il est ici le légat du prince d'Espagne, mon futur
mari.

FABIANI.

Votre futur mari !

LA REINE.

Allons, mylord, ne parlons plus de cela. Je vous
aime, que vous faut-il de plus? Et puis, voici
qu'il est temps de vous en aller.

FABIANI.

Marie, encore un instant !

LA REINE.

Mais c'est l'heure où le conseil étroit va s'assembler. Il n'y a eu ici jusqu'à cette heure que la
femme, il faut laisser entrer la reine.

FABIANI.

Je veux, moi, que la femme fasse attendre la
reine à la porte.

LA REINE.

Vous voulez, vous! vous voulez, vous! Regardez-moi, mylord. Tu as une jeune et charmante tête, Fabiano!

FABIANI.

C'est vous qui êtes belle, madame! Vous n'auriez besoin que de votre beauté pour être toute-puissante. Il y a sur votre tête quelque chose qui dit que vous êtes la reine, mais cela est encore bien mieux écrit sur votre front que sur votre couronne.

LA REINE.

Vous me flattez!

FABIANI.

Je t'aime.

LA REINE.

Tu m'aimes, n'est-ce pas? Tu n'aimes que moi? Redis-le-moi encore comme cela, avec ces yeux-là. Hélas! nous autres pauvres femmes, nous ne savons jamais au juste ce qui se passe dans le cœur d'un homme; nous sommes obligées d'en croire

vos yeux, et les plus beaux, Fabiano, sont quelquefois les plus menteurs. Mais dans les tiens, mylord, il y a tant de loyauté, tant de candeur, tant
de bonne foi, qu'ils ne peuvent mentir ceux-là,
n'est-ce pas? Oui, ton regard est naïf et sincère,
mon beau page. Oh! prendre des yeux célestes
pour tromper, ce serait infernal. Ou tes yeux sont
les yeux d'un ange, ou ils sont ceux d'un démon.

FABIANI.

Ni démon, ni ange. Un homme qui vous aime.

LA REINE.

Qui aime la reine?

FABIANI.

Qui aime Marie.

LA REINE.

Écoute, Fabiano, je t'aime aussi, moi. Tu es
jeune, il y a beaucoup de belles femmes qui te re-
gardent fort doucement, je le sais. Enfin, on se
lasse d'une reine comme d'une autre. Ne m'interromps pas. Si jamais tu deviens amoureux d'une
autre femme, je veux que tu me le dises. Je te par-

donnerai peut-être si tu me le dis. Ne m'interromps
donc pas. Tu ne sais pas à quel point je t'aime, je
ne le sais pas moi-même ! Il y a des momens, cela
est vrai, où je t'aimerais mieux mort qu'heureux
avec une autre ; mais il y a aussi des momens où
je t'aimerais mieux heureux. Mon Dieu ! je ne sais
pas pourquoi on cherche à me faire la réputation
d'une méchante femme.

FABIANI.

Je ne puis être heureux qu'avec toi, Marie. Je
n'aime que toi.

LA REINE.

Bien sûr ? regarde-moi. Bien sûr ? Oh ! je suis
jalouse par instants ! je me figure, — quelle est la
femme qui n'a pas de ces idées-là ? — je me figure
quelquefois que tu me trompes. Je voudrais être
invisible, et pouvoir te suivre, et toujours savoir
ce que tu fais, ce que tu dis, où tu es. Il y a dans
les contes des fées une bague qui rend invisible ;
je donnerais ma couronne pour cette bague-là. Je
m'imagine sans cesse que tu vas voir les belles jeunes
femmes qu'il y a dans la ville. Oh ! il ne faudrait
pas me tromper, vois-tu !

FABIANI.

Mais ôtez-vous donc ces idées-là de l'esprit, madame! Moi vous tromper, madame, ma reine, ma bonne maîtresse! Mais il faudrait que je fusse le plus ingrat et le plus misérable des hommes pour cela! Mais je ne vous ai donné aucune raison de croire que je fusse le plus ingrat et le plus misérable des hommes! Mais je t'aime, Marie! mais je t'adore! mais je ne pourrais seulement pas regarder une autre femme! Je t'aime, te dis-je! mais est-ce que tu ne vois pas cela dans mes yeux? Oh! mon Dieu! il y a un accent de vérité qui devrait persuader, pourtant. Voyons, regarde-moi bien, est-ce que j'ai l'air d'un homme qui te trahit? Quand un homme trahit une femme, cela se voit tout de suite. Les femmes ordinairement ne se trompent pas à cela. Et quel moment choisis-tu pour me dire des choses pareilles, Marie? le moment de ma vie où je t'aime peut-être le plus! C'est vrai, il me semble que je ne t'ai jamais tant aimée qu'aujourd'hui! Je ne parle pas ici à la reine. Pardieu, je me moque bien de la reine. Qu'est-ce qu'elle peut me faire la reine? elle peut me faire couper la tête, qu'est-ce que cela? Toi, Marie, tu peux me briser le cœur! ce n'est pas votre majesté que j'aime, c'est toi. C'est ta belle main blanche et douce que je baise et que j'adore, et non votre sceptre, madame !

LA REINE.

Merci, mon Fabiano. Adieu. — Mon Dieu ! mylord, que vous êtes jeune ! les beaux cheveux noirs et la charmante tête que voilà ! — Revenez dans une heure.

FABIANI.

Ce que vous appelez une heure, vous, je l'appelle un siècle, moi !

Il sort.

Sitôt qu'il est sorti, la Reine se lève précipitamment, va à une porte masquée, l'ouvre et introduit Simon Renard.

SCÈNE DEUXIÈME.

LA REINE, SIMON RENARD.

LA REINE.

Entrez, monsieur le bailli. Eh! bien, étiez-vous resté là? l'avez-vous entendu?

SIMON RENARD.

Oui, madame.

LA REINE.

Qu'en dites-vous? Oh! c'est le plus fourbe et le plus faux des hommes. Qu'en dites-vous?

SIMON RENARD.

Je dis, madame, qu'on voit bien que cet homme porte un nom en *i*.

LA REINE.

Et vous êtes sûr qu'il va chez cette femme la nuit? vous l'avez vu?

SIMON RENARD.

Moi, Chandos, Clinton, Montagu, dix témoins.

LA REINE.

C'est que c'est vraiment infâme !

SIMON RENARD.

D'ailleurs la chose sera encore mieux prouvée à la reine tout à l'heure. La jeune fille est ici, comme je l'ai dit à votre majesté. Je l'ai fait saisir dans sa maison cette nuit.

LA REINE.

Mais est-ce que ce n'est pas là un crime suffisant pour lui faire trancher la tête à cet homme, monsieur ?

SIMON RENARD.

Avoir été chez une jolie fille la nuit ? non, madame. Votre majesté a fait mettre en jugement Trogmorton pour un fait pareil ; Trogmorton a été absous.

LA REINE.

J'ai puni les juges de Trogmorton.

SIMON RENARD.

Tâchez de n'avoir pas à punir les juges de Fabiani.

LA REINE.

Oh! comment me venger de ce traître?

SIMON RENARD.

Votre majesté ne veut la vengeance que d'une certaine manière?

LA REINE

La seule qui soit digne de moi.

SIMON RENARD.

Trogmorton a été absous, Madame. Il n'y a qu'un moyen, je l'ai dit à votre majesté. L'homme qui est là.

LA REINE.

Fera-t-il tout ce que je voudrai?

SIMON RENARD.

Oui, si vous faites tout ce qu'il voudra.

LA REINE.

Donnera-t-il sa vie?

SIMON RENARD.

Il fera ses conditions ; mais il donnera sa vie.

LA REINE.

Qu'est-ce qu'il veut ? savez-vous ?

SIMON RENARD.

Ce que vous voulez vous-même. Se venger.

LA REINE.

Dites qu'il entre, et restez par là à portée de la voix. — Monsieur le bailli !

SIMON RENARD, revenant.

Madame ?...

LA REINE.

Dites à mylord Chandos qu'il se tienne là dans la chambre voisine avec six hommes de mon ordonnance, tous prêts à entrer. — Et la femme aussi, toute prête à entrer ! — Allez.

Simon Renard sort.

LA REINE, seule.

—Oh ! ce sera terrible !

Une des portes latérales s'ouvre. Entrent Simon Renard et Gilbert.

SCÈNE TROISIÈME.

LA REINE, GILBERT, SIMON RENARD.

GILBERT.

Devant qui suis-je?

SIMON RENARD.

Devant la Reine.

GILBERT.

La Reine!

LA REINE.

C'est bien, oui, la Reine. Je suis la Reine. Nous
n'avons pas le temps de nous étonner. Vous, monsieur, vous êtes Gilbert, un ouvrier ciseleur. Vous
demeurez quelque part par là au bord de l'eau

avec une nommée Jane dont vous êtes le fiancé, et
qui vous trompe, et qui a pour amant un nommé
Fabiano qui me trompe, moi. Vous voulez vous
venger, et moi aussi. Pour cela, j'ai besoin de disposer de votre vie à ma fantaisie. J'ai besoin que
vous disiez ce que je vous commanderai de dire,
quoi que ce soit. J'ai besoin qu'il n'y ait plus pour
vous ni faux ni vrai, ni bien ni mal, ni juste ni
injuste, rien que ma vengeance et ma volonté.
J'ai besoin que vous me laissiez faire et que vous
vous laissiez faire. Y consentez-vous?

GILBERT.

Madame...

LA REINE.

La vengeance, tu l'auras. Mais je te préviens
qu'il faudra mourir. Voilà tout. Fais tes conditions. Si tu as une vieille mère, et qu'il faille cou-
vrir sa nappe de lingots d'or, parle, je le ferai.
Vends-moi ta vie aussi cher que tu voudras.

GILBERT.

Je ne suis plus décidé à mourir, Madame.

LA REINE.

Comment!

GILBERT.

Tenez, Majesté, j'ai réfléchi toute la nuit, rien
ne m'est prouvé encore dans cette affaire. J'ai vu
un homme qui s'est vanté d'être l'amant de Jane.
Qui me dit qu'il n'a pas menti? j'ai vu une clef.
Qui me dit qu'on ne l'a pas volée? j'ai vu une lettre.
Qui me dit qu'on ne l'a pas fait écrire de force.
D'ailleurs je ne sais même plus si c'était bien son
écriture. Il faisait nuit. J'étais troublé. Je n'y
voyais pas. Je ne puis donner ma vie qui est la
sienne comme cela. Je ne crois à rien, je ne suis
sûr de rien, je n'ai pas vu Jane.

LA REINE.

On voit bien que tu aimes! Tu es comme moi,
tu résistes à toutes les preuves. Et si tu la vois,
cette Jane, si tu l'entends avouer le crime, feras-tu
ce que je veux?

GILBERT.

Oui. A une condition.

LA REINE.

Tu me la diras plus tard.

A Simon Renard.

— Cette femme ici tout de suite.

Simon Renard sort. La Reine place Gilbert derrière un rideau qui
occupe une partie du fond de l'appartement.

— Mets-toi là.

Entre Jane, pâle et tremblante.

SCÈNE QUATRIÈME.

LA REINE, JANE, GILBERT derrière le rideau.

LA REINE.

Approche, jeune fille, tu sais qui nous sommes?

JANE.

Oui, madame.

LA REINE.

Tu sais quel est l'homme qui t'a séduite?

JANE.

Oui, madame.

LA REINE.

Il t'avait trompée? il s'était fait passer pour un gentilhomme nommé Amyas Pawlett?

JANE.

Oui, madame.

LA REINE.

Tu sais maintenant que c'est Fabiano Fabiani,
comte de Clanbrassil ?

JANE.

Oui, madame.

LA REINE.

Cette nuit, quand on est venu te saisir dans ta
maison, tu lui avais donné rendez-vous, tu l'at-
tendais ?

JANE, joignant les mains.

Mon Dieu, madame !

LA REINE.

Réponds.

JANE, d'une voix faible.

Oui.

LA REINE.

Tu sais qu'il n'y a plus rien à espérer ni pour lui, ni pour toi?

JANE.

Que la mort. C'est une espérance.

LA REINE.

Raconte-moi toute l'aventure. Où as-tu rencontré cet homme pour la première fois?

JANE.

La première fois que je l'ai vu, c'était... — Mais à quoi bon tout cela? Une malheureuse fille du peuple, pauvre et vaine, folle et coquette, amoureuse de parures et de beaux dehors, qui se laisse éblouir par la belle mise d'un grand seigneur. Voilà tout. Je suis séduite, je suis déshonorée, je suis perdue. Je n'ai rien à ajouter à cela. Mon Dieu ! vous ne voyez donc pas que chaque mot que je dis me fait mourir, madame.

LA REINE.

C'est bien.

JANE.

Oh ! votre colère est terrible, je le sais, madame.
Ma tête ploie d'avance sous le châtiment que vous
me préparez...

LA REINE.

Moi ! un châtiment pour toi ! est-ce que je m'occupe de toi, folle ! qui es-tu, malheureuse créature, pour que la reine s'occupe de toi? Non,
mon affaire, c'est Fabiano. Quant à toi, femme,
c'est un autre que moi qui se chargera de te punir.

JANE.

Eh bien, madame, quelque soit celui que vous
en chargerez, quelque soit le châtiment, je subirai
tout sans me plaindre, je vous remercierai même,
si vous avez pitié d'une prière que je vais vous faire.
Il y a un homme qui m'a prise orpheline au berceau, qui m'a adoptée, qui m'a élevée, qui m'a
nourrie, qui m'a aimée et qui m'aime encore; un
homme dont je suis bien indigne, envers qui j'ai
été bien criminelle, et dont l'image est pourtant
au fond de mon cœur chère, auguste et sacrée
comme celle de Dieu ; un homme qui sans doute
à l'heure où je vous parle trouve sa maison vide et

abandonnée, et dévastée, et n'y comprend rien et s'arrache les cheveux de désespoir. Hé bien, ce que je demande à votre majesté, madame, c'est qu'il n'y comprenne jamais rien, c'est que je disparaisse sans qu'il sache jamais ce que je suis devenue, ni ce que j'ai fait, ni ce que vous avez fait de moi. Hélas, mon Dieu! je ne sais pas si je me fais bien comprendre; mais vous devez sentir que j'ai là un ami, un noble et généreux ami, — pauvre Gilbert! oh oui, c'est bien vrai! — qui m'estime et qui me croit pure, et que je ne veux pas qu'il me haïsse et qu'il me méprise... — vous me comprenez, n'est-ce pas, madame? l'estime de cet homme, c'est pour moi bien plus que la vie, allez! et puis, cela lui ferait un si affreux chagrin! Tant de surprise! il n'y croirait pas d'abord. Non, il n'y croirait pas. Mon Dieu! pauvre Gilbert! oh, madame! ayez pitié de lui et de moi. Il ne vous a rien fait, lui. Qu'il ne sache rien de ceci, au nom du ciel! au nom du ciel! Qu'il ne sache pas que je suis coupable, il se tuerait. Qu'il ne sache pas que je suis morte, il mourrait.

LA REINE.

L'homme dont vous parlez est là qui vous écoute, qui vous juge et qui va vous punir.

Gilbert se montre.

7

JANE.

Ciel ! Gilbert !

GILBERT , à la Reine.

Ma vie est à vous , madame.

LA REINE.

Bien. Avez-vous quelques conditions à me faire ?

GILBERT.

Oui, madame.

LA REINE.

Lesquelles ? Nous vous donnons notre parole de
reine que nous y souscrivons d'avance.

GILBERT.

Voici, madame. — C'est bien simple. C'est une
dette de reconnaissance que j'acquitte envers un
seigneur de votre cour qui m'a fait beaucoup travailler dans mon métier de ciseleur.

LA REINE.

Parlez.

GILBERT.

Ce seigneur a une liaison secrète avec une femme qu'il ne peut épouser, parce qu'elle tient à une famille proscrite. Cette femme, qui a vécu cachée jusqu'à présent, c'est la fille unique et l'héritière du dernier lord Talbot, décapité sous le roi Henri VIII.

LA REINE.

Comment ! es-tu sûr de ce que tu dis là ? Jean Talbot, le bon lord catholique, le loyal défenseur de ma mère d'Aragon, il a laissé une fille, dis-tu ? sur ma couronne, si cela est vrai, cet enfant est mon enfant ; et ce que Jean Talbot a fait pour la mère de Marie d'Angleterre, Marie d'Angleterre le fera pour la fille de Jean Talbot.

GILBERT.

Alors, ce sera sans doute un bonheur pour votre majesté de rendre à la fille de lord Talbot les biens de son père ?..

LA REINE.

Oui, certes, et de les reprendre à Fabiano ! — Mais a-t-on les preuves que cette héritière existe ?

GILBERT.

On les a.

LA REINE.

D'ailleurs, si nous n'avons pas de preuves, nous en ferons. Nous ne sommes pas la reine pour rien.

GILBERT.

Votre majesté rendra à la fille de lord Talbot les biens, les titres, le rang, le nom, les armes et la devise de son père. Votre majesté la relevera de toute proscription et lui garantira la vie sauve. Votre majesté la mariera à ce seigneur qui est le seul homme qu'elle puisse épouser. A ces conditions, madame, vous pourrez disposer de moi, de ma liberté, de ma vie et de ma volonté, selon votre plaisir.

LA REINE.

Bien. Je ferai ce que vous venez de dire.

GILBERT.

Votre majesté fera ce que je viens de dire. La reine d'Angleterre me le jure, à moi, Gilbert, l'ouvrier ciseleur, sur sa couronne que voici et sur l'évangile ouvert que voilà.

LA REINE.

Sur la royale couronne que voici et sur le divin évangile que voilà, je te le jure !

GILBERT.

Le pacte est conclu, madame. Faites préparer une tombe pour moi, et un lit nuptial pour les époux. Le seigneur dont je parlais, c'est Fabiani, comte de Clanbrassil. L'héritière de Talbot, la voici.

JANE.

Que dit-il ?

LA REINE.

Est-ce que j'ai affaire à un insensé ? Qu'est-ce que cela signifie ? Maître ! faites attention à ceci, que vous êtes hardi de vous railler de la reine d'Angleterre ; que les chambres royales sont des lieux où il faut prendre garde aux paroles qu'on dit, et qu'il y a des occasions où la bouche fait tomber la tête !

GILBERT.

Ma tête, vous l'avez, madame. Moi, j'ai votre serment!

LA REINE.

Vous ne parlez pas sérieusement. Ce Fabiano! cette Jane!... — Allons donc!

GILBERT.

Cette Jane est la fille et l'héritière de lord Talbot.

LA REINE.

Bah! vision! chimère! folie! Les preuves, les avez-vous?

GILBERT.

Complètes.

Il tire un paquet de sa poitrine.

— Veuillez lire ces papiers.

LA REINE.

Est-ce que j'ai le temps de lire vos papiers, moi? Est-ce que je vous ai demandé vos papiers? Qu'est-ce que cela me fait, vos papiers? Sur mon âme, s'ils prouvent quelque chose, je les jetterai au feu, et il ne restera rien.

GILBERT.

Que votre serment, madame.

LA REINE.

Mon serment! mon serment!

GILBERT.

Sur la couronne et sur l'évangile, madame! c'est-à-dire, sur votre tête et sur votre âme, sur votre vie dans ce monde et sur votre vie dans l'autre.

LA REINE.

Mais que veux-tu donc? Je te jure que tu es en démence!

GILBERT.

Ce que je veux? Jane a perdu son rang, rendez-le lui! Jane a perdu l'honneur, rendez-le lui! Proclamez-la fille de lord Talbot et femme de lord Clanbrassil, — et puis, prenez ma vie!

LA REINE.

Ta vie! mais que veux-tu que j'en fasse de ta

vie à présent? Je n'en voulais que pour me venger de cet homme, de Fabiano! Tu ne comprends donc rien? Je ne te comprends pas non plus, moi. Tu parlais de vengeance! C'est comme cela que tu te venges? Ces gens du peuple sont stupides! Et puis, est-ce que je crois à ta ridicule histoire d'une héritière de Talbot? Les papiers! tu me montres les papiers! je ne veux pas les regarder. Ah! une femme te trahit, et tu fais le généreux! à ton aise. Je ne suis pas généreuse, moi! J'ai la rage et la haine dans le cœur. Je me vengerai, et tu m'y aideras. Mais cet homme est fou! il est fou! il est fou! Mon Dieu! pourquoi en ai-je besoin? C'est désespérant d'avoir affaire à des gens pareils dans des affaires sérieuses!

GILBERT.

J'ai votre parole de reine catholique. Lord Clanbrassil a séduit Jane, il l'épousera.

LA REINE.

Et s'il refuse de l'épouser?

GILBERT.

Vous l'y forcerez, madame.

JANE.

Oh non ! ayez pitié de moi, Gilbert !

GILBERT.

Eh bien ! s'il refuse, cet infâme, votre majesté fera de lui et de moi ce qui lui plaira.

LA REINE, avec joie.

Ah ! c'est tout ce que je veux !

GILBERT.

Si ce cas-là arrivait, pourvu que la couronne de comtesse de Waterford soit solennellement replacée par la reine sur la tête sacrée et inviolable de Jane Talbot que voici, je ferai, moi, tout ce que la reine m'imposera.

LA REINE.

Tout ?

GILBERT.

Tout.

LA REINE.

Tu diras ce qu'il faudra dire ? Tu mourras de la mort qu'on voudra ?

GILBERT.

De la mort qu'on voudra.

JANE.

O Dieu !

LA REINE.

Tu le jures ?

GILBERT.

Je le jure.

LA REINE.

La chose peut s'arranger ainsi. Cela suffit. J'ai
ta parole, tu as la mienne. C'est dit.

Elle paraît réfléchir un moment.

A Jane.

— Vous êtes inutile ici, sortez, vous. On vous rap-
pellera.

JANE.

O Gilbert ! qu'avez-vous fait-là ? O Gilbert ! je
suis une misérable, et je n'ose lever les yeux sur
vous ! O Gilbert ! vous êtes plus qu'un ange, car
vous avez tout à la fois les vertus d'un ange et les
passions d'un homme !

Elle sort.

SCÈNE CINQUIÈME.

LA REINE , GILBERT ; puis SIMON RENARD , Lord CHANDOS , et les Gardes.

LA REINE , à Gilbert.

As-tu une arme sur toi? un couteau? un poignard? quelque chose?

GILBERT , tirant de sa poitrine le poignard de lord Clanbrassil.

Un poignard? oui, madame.

LA REINE.

Bien. Tiens-le à ta main.

Elle lui saisit vivement le bras.

— Monsieur le bailli d'Amont! lord Chandos!

Entrent Simon Renard, lord Chandos et les gardes.

— Assurez-vous de cet homme! il a levé le poignard sur moi. Je lui ai pris le bras au moment où il allait me frapper. C'est un assassin.

GILBERT.

Madame!...

LA REINE, bas à Gilbert.

Oublies-tu déjà nos conventions? est-ce ainsi
que tu te laisses faire?

Haut.

—Vous êtes tous témoins qu'il avait encore le
poignard à la main? Monsieur le bailli, comment
se nomme le bourreau de la Tour de Londres?

SIMON RENARD.

C'est un irlandais appelé Mac Dermoti.

LA REINE.

Qu'on me l'amène, j'ai à lui parler.

SIMON RENARD.

Vous-même?

LA REINE.

Moi-même.

SIMON RENARD.

La reine parlera au bourreau!

LA REINE.

Oui, la reine parlera au bourreau, la tête parlera à la main. — Allez donc!

Un garde sort.

Mylord Chandos, et vous, messieurs, vous me répondez de cet homme. Gardez-le là, dans vos rangs, derrière vous. Il va se passer ici des choses qu'il faut qu'il voie. — Monsieur le lieutenant d'Amont, lord Clanbrassil est-il au palais?

SIMON RENARD.

Il est là, dans la chambre peinte, qui attend que le bon plaisir de la reine soit de le voir.

LA REINE.

Il ne se doute de rien?

SIMON RENARD.

De rien.

LA REINE, à lord Chandos.

Qu'il entre.

SIMON RENARD.

Toute la cour est là aussi qui attend. N'introduira-t-on personne avant lord Clanbrassil?

LA REINE.

Quels sont parmi nos seigneurs ceux qui haïssent Fabiani?

SIMON RENARD.

Tous.

LA REINE.

Ceux qui le haïssent le plus?

SIMON RENARD.

Clinton, Montagu, Somerset, le comte de Derby, Gerard Fitz-Gerard, lord Paget, et le lord chancelier.

LA REINE, à lord Chandos.

Introduisez ceux-là, tous, excepté le lord chancelier. Allez.

Chandos sort.

A Simon Renard.

— Le digne évêque chancelier n'aime pas Fabiani plus que les autres; mais c'est un homme à scrupules.

Apercevant les papiers que Gilbert a déposés sur la table.

— Ah! il faut pourtant que je jette un coup d'œil sur ces papiers.

Pendant qu'elle les examine, la porte du fond s'ouvre. Entrent avec de profonds saluts les seigneurs désignés par la Reine.

SCÈNE SIXIÈME.

Les mêmes, Lord CLINTON et les autres Seigneurs.

LA REINE.

Bonjour, messieurs. Dieu vous ait en sa garde, mylords.

A lord Montagu.

— Anthony Brown, je n'oublie jamais que vous avez dignement tenu tête à Jean de Montmorency et au sieur de Toulouse dans mes négociations avec l'empereur mon oncle. — Lord Paget, vous recevrez aujourd'hui vos lettres de baron Paget de Beaudesert en Stafford. — Eh mais! c'est notre vieil ami lord Clinton! Nous sommes toujours votre bonne amie, mylord. C'est vous qui avez exterminé Thomas Wyat dans la plaine de Saint-James. Souvenons-nous-en tous, messieurs. Ce jour-là la couronne d'Angleterre a été sauvée par un pont qui a permis à mes troupes d'arriver jusqu'aux rebelles, et par un mur qui a empêché les rebelles d'arriver jusqu'à moi. Le pont, c'est le pont de Londres. Le mur, c'est lord Clinton!

LORD CLINTON, bas à Simon Renard.

Voilà six mois que la reine ne m'avait parlé. Comme elle est bonne aujourd'hui!

SIMON RENARD, bas à lord Clinton.

Patience, mylord. Vous la trouverez meilleure encore tout à l'heure.

LA REINE, à lord Chandos.

Mylord Clanbrassil peut entrer.

A Simon Renard.

—Quand il sera ici depuis quelques minutes....

Elle lui parle bas à l'oreille, et lui désigne la porte par laquelle Jane est sortie.

SIMON RENARD.

Il suffit, madame.

Entre Fabiani.

SCÈNE SEPTIÈME.

Les mêmes, FABIANI.

LA REINE.

Ah! le voici!..

Elle se remet à parler bas à Simon Renard.

FABIANI, à part, salué par tout le monde et regardant autour de lui.

Qu'est-ce que cela veut dire? il n'y a que de mes ennemis ici, ce matin. La reine parle bas à Simon Renard. Diable! elle rit! mauvais signe!

LA REINE, gracieusement à Fabiani.

Dieu vous garde, mylord!

FABIANI, saisissant sa main qu'il baise.

Madame...

A part.

— Elle m'a souri. Le péril n'est pas pour moi.

8

LA REINE, toujours gracieuse.

J'ai à vous parler.

Elle vient avec lui sur le devant du théâtre.

FABIANI.

Et moi aussi j'ai à vous parler, madame. J'ai des reproches à vous faire. M'éloigner, m'exiler pendant si long-temps! Ah! il n'en serait pas ainsi, si dans les heures d'absence vous songiez à moi comme je songe à vous.

LA REINE.

Vous êtes injuste; depuis que vous m'avez quittée je ne m'occupe que de vous.

FABIANI.

Est-il bien vrai? ai-je tant de bonheur? répétez-le-moi.

LA REINE, toujours souriant.

Je vous le jure.

FABIANI.

Vous m'aimez donc comme je vous aime?

LA REINE.

Oui, mylord. — Certainement, je n'ai pensé qu'à vous. Tellement que j'ai songé à vous ménager une surprise agréable à votre retour.

FABIANI.

Comment ! quelle surprise ?

LA REINE.

Une rencontre qui vous fera plaisir.

FABIANI.

La rencontre de qui ?

LA REINE.

Devinez. — Vous ne devinez pas?

FABIANI.

Non, madame.

LA REINE.

Tournez-vous.

Il se retourne et aperçoit Jane sur le seuil de la petite porte entr'ouverte.

FABIANI, à part.

Jane !

JANE, à part.

C'est lui !

LA REINE, toujours avec un sourire.

Mylord, connaissez-vous cette jeune fille?

FABIANI.

Non, madame.

LA REINE.

Jeune fille, connaissez-vous mylord?

JANE.

La vérité avant la vie. Oui, madame.

LA REINE.

Ainsi, mylord, vous ne connaissez pas cette femme?

FABIANI.

Madame! on veut me perdre. Je suis entouré d'ennemis. Cette femme est liguée avec eux sans doute. Je ne la connais pas, madame! je ne sais pas qui elle est, madame!

LA REINE, se levant et lui frappant le visage de son gant.

Ah! tu es un lâche! — Ah! tu trahis l'une et tu renies l'autre! Ah! tu ne sais pas qui elle est! Veux-tu que je te le dise, moi? Cette femme est Jane Talbot, fille de Jean Talbot, le bon seigneur catholique mort sur l'échafaud pour ma mère. Cette femme est Jane Talbot, ma cousine; Jane Talbot, comtesse de Shrewsbury, comtesse de Wexford, comtesse de Waterford, pairesse d'Angleterre! Voilà ce que c'est que cette femme!—Lord Paget, vous êtes commissaire du sceau privé, vous tiendrez compte de nos paroles. La reine d'Angleterre reconnaît solennellement la jeune femme ici présente pour Jane, fille et unique héritière du dernier comte de Waterford.

Montrant les papiers.

—Voici les titres et les preuves que vous ferez sceller du grand sceau. C'est notre plaisir.

A Fabiani.

—Oui, comtesse de Waterford! et cela est prouvé! et tu rendras les biens, misérable! — Ah! tu ne connais pas cette femme! Ah! tu ne sais pas qui est

cette femme ! eh bien ! je te l'apprends, moi ! c'est
Jane Talbot ! et faut-il t'en dire plus encore ?...

Le regardant en face, à voix basse, entre les dents.

— Lâche ! c'est ta maîtresse !

FABIANI.

Madame...

LA REINE.

Voilà ce qu'elle est ; maintenant voici ce que tu
es, toi. — Tu es un homme sans âme, un homme
sans cœur, un homme sans esprit ! tu es un fourbe
et un misérable ! tu es... — Pardieu, messieurs,
vous n'avez pas besoin de vous éloigner. Cela m'est
bien égal que vous entendiez ce que je vais dire à
cet homme ! je ne baisse pas la voix, il me semble.
— Fabiano ! tu es un misérable, un traître envers
moi, un lâche envers elle, un valet menteur, le
plus vil des hommes, le dernier des hommes ! cela est
pourtant vrai, je t'ai fait comte de Clanbrassil, baron
de Dinasmonddy, quoi encore ? baron de Darmouth
en Devonshire. Eh bien ! c'est que j'étais folle ! Je
vous demande pardon de vous avoir fait coudoyer
par cet homme-là, mylords. Toi, chevalier ! toi,
gentilhomme ! toi, seigneur ! mais compare-toi

donc un peu à ceux qui sont cela, misérable!
mais regarde, en voilà autour de toi, des gentilshommes! voilà Bridges, baron Chandos. Voilà
Seymour, duc de Somerset. Voilà les Stanley, qui
sont comtes de Derby depuis l'an quatorze-cent
quatre-vingt-cinq! voilà les Clinton, qui sont
barons Clinton depuis douze-cent quatre-vingt-dix-
huit! Est-ce que tu t'imagines que tu ressembles
à ces gens-là, toi! tu te dis allié à la famille
espagnole de Peñalver, mais ce n'est pas vrai, tu
n'es qu'un mauvais italien, rien! moins que rien!
fils d'un chaussetier du village de Larino! — Oui,
messieurs, fils d'un chaussetier! Je le savais et je
ne le disais pas et je le cachais, et je faisais semblant de croire cet homme quand il parlait de
sa noblesse. Car voilà comme nous sommes, nous
autres femmes. O mon Dieu! je voudrais qu'il y
eût des femmes ici, ce serait une leçon pour toutes.
Ce misérable! ce misérable! il trompe une femme,
et renie l'autre! infâme! certainement, tu es bien infâme! comment! depuis que je parle il n'est pas
encore à genoux! à genoux, Fabiani! mylords,
mettez cet homme de force à genoux!

FABIANI.

Votre majesté...

LA REINE.

Ce misérable, que j'ai comblé de bienfaits! ce
laquais napolitain, que j'ai fait chevalier doré et
comte libre d'Angleterre! Ah! je devais m'attendre à ce qui arrive! on m'avait bien dit que cela
finirait ainsi. Mais je suis toujours comme cela,
je m'obstine, et je vois ensuite que j'ai eu tort.
C'est ma faute. Italien, cela veut dire fourbe!
Napolitain, cela veut dire lâche! toutes les fois que
mon père s'est servi d'un italien, il s'en est repen-
ti. Ce Fabiani! tu vois, lady Jane, à quel homme tu
t'es livrée, malheureuse enfant! — Je te vengerai,
va! — Oh! je devais le savoir d'avance, on ne peut
tirer autre chose de la poche d'un italien qu'un
stylet, et de l'ame d'un italien que la trahison!

FABIANI.

Madame, je vous jure...

LA REINE.

Il va se parjurer à présent! il sera vil jusqu'à la
fin; il nous fera rougir jusqu'au bout devant ces
hommes, nous autres faibles femmes qui l'avons
aimé! il ne relèvera seulement pas la tête!

FABIANI.

Si, madame! je la relèverai. Je suis perdu, je le
vois bien. Ma mort est décidée. Vous emploierez
tous les moyens, le poignard, le poison...

LA REINE, lui prenant les mains, et l'attirant vivement sur le devant
du théâtre.

—Le poison! Le poignard! que dis-tu là, Italien?
la vengeance traître, la vengeance honteuse, la
vengeance par derrière, la vengeance comme dans
ton pays! Non, signor Fabiani, ni poignard, ni
poison. Est-ce que j'ai à me cacher, moi, à cher-
cher le coin des rues la nuit, et à me faire petite
quand je me venge? non pardieu, je veux le grand
jour, entends-tu, mylord? le plein midi, le beau
soleil, la place publique, la hache et le billot, la
foule dans la rue, la foule aux fenêtres, la foule
sur les toits, cent mille témoins! je veux qu'on ait
peur, entends-tu, mylord? qu'on trouve cela
splendide, effroyable et magnifique, et qu'on
dise: c'est une femme qui a été outragée, mais
c'est une reine qui se venge! Ce favori si envié, ce
beau jeune homme insolent que j'ai couvert de velours et de satin, je veux le voir plié en deux, ef-
faré et tremblant, à genoux sur un drap noir,

pieds nus, mains liées, hué par le peuple, manié par le bourreau. Ce cou blanc où j'avais mis un collier d'or, j'y veux mettre une corde. J'ai vu quel effet ce Fabiani faisait sur un trône, je veux voir quel effet il fera sur un échafaud !

FABIANI.

Madame...

LA REINE.

Plus un mot. Ah ! plus un mot. Tu es bien véritablement perdu, vois-tu. Tu monteras sur l'échafaud comme Suffolk et Northumberland. C'est une fête comme une autre que je donnerai à ma bonne ville de Londres ! Tu sais comme elle te hait, ma bonne ville ! Pardieu, c'est une belle chose quand on a besoin de se venger d'être Marie, dame et reine d'Angleterre, fille de Henri VIII, et maîtresse des quatre mers ! Et quand tu seras sur l'échafaud, Fabiani, tu pourras, à ton gré, faire une longue harangue au peuple comme Northumberland, ou une longue prière à Dieu comme Suffolk pour donner à la grâce le temps de venir ; le ciel m'est témoin que tu es un traître et que la grâce ne viendra pas ! Ce misérable fourbe qui me parlait d'amour et me disait tu ce matin ! — Hé mon Dieu, messieurs, cela paraît vous étonner que je parle ainsi devant vous; mais, je vous le répète, que m'importe?

A lord Somerset.

—Mylord duc, vous êtes constable de la Tour, demandez son épée à cet homme.

FABIANI.

La voici; mais je proteste. En admettant qu'il soit prouvé que j'ai trompé ou séduit une femme...

LA REINE.

Eh! que m'importe que tu aies séduit une femme! est-ce que je m'occupe de cela? ces messieurs sont témoins que cela m'est bien égal!

FABIANI.

Séduire une femme, ce n'est pas un crime capital, madame. Votre majesté n'a pu faire condamner Trogmorton sur une accusation pareille.

LA REINE.

Il nous brave maintenant, je crois! le ver devient serpent. Et qui te dit que c'est de cela qu'on t'accuse?

FABIANI.

Alors de quoi m'accuse-t-on? je ne suis pas an-

glais, moi, je ne suis pas sujet de votre majesté.
Je suis sujet du roi de Naples et vassal du saint-
père. Je sommerai son légat, l'éminentissime cardinal Polus, de me réclamer. Je me défendrai, madame. Je suis étranger. Je ne puis être mis en cause
que si j'ai commis un crime, un vrai crime. —
quel est mon crime ?

LA REINE.

Tu demandes quel est ton crime ?

FABIANI.

Oui, madame.

LA REINE.

Vous entendez tous la question qui m'est faite,
mylords, vous allez entendre la réponse. Faites attention, et prenez garde à vous tous tant que
vous êtes, car vous allez voir que je n'ai qu'à frapper du pied pour faire sortir de terre un échafaud.
— Chandos ! Chandos ! ouvrez cette porte à deux
battans ! toute la cour ! tout le monde ! faites entrer tout le monde.

La porte du fond s'ouvre. Entre toute la cour.

SCÈNE HUITIÈME.

LES MÊMES, LE LORD CHANCELIER, TOUTE LA COUR.

LA REINE.

— Entrez, entrez, mylords. J'ai véritablement beaucoup de plaisir à vous voir tous aujourd'hui. —Bien, bien, les hommes de justice, par ici, plus près, plus près.—Où sont les sergens d'armes de la chambre des lords, Harriot et Llanerillo? Ah ! vous voilà, messieurs. Soyez les bienvenus. Tirez vos épées. Bien. Placez-vous à droite et à gauche de cet homme. Il est votre prisonnier.

FABIANI.

Madame, quel est mon crime ?

LA REINE.

Mylord Gardiner, mon savant ami, vous êtes chancelier d'Angleterre, nous vous faisons savoir que vous ayez à vous assembler en diligence, vous et les douze lords commissaires de la chambre étoilée, que nous regrettons de ne pas voir ici. Il se passe des choses étranges dans ce palais. Écoutez, mylords, madame Élisabeth a déja suscité plus d'un ennemi à notre couronne. Il y a eu le complot de Pietro Caro qui a fait le mouvement d'Exeter, et qui correspondait secrètement avec madame Élisabeth, par le moyen d'un chiffre taillé sur une guitare. Il y a eu la trahison de Thomas Wyat, qui a soulevé le comté de Kent. Il y a eu la rébellion du duc de Suffolk, lequel a été saisi dans le creux d'un arbre après la défaite des siens. Il y a aujourd'hui un nouvel attentat. Écoutez tous. Aujourd'hui, ce matin, un homme s'est présenté à mon audience. Après quelques paroles, il a levé un poignard sur moi. J'ai arrêté son bras à temps. Lord Chandos et monsieur le bailli d'Amont ont saisi l'homme. Il a déclaré avoir été poussé à ce crime par lord Clanbrassil.

FABIANI.

Par moi? cela n'est pas. Oh! mais voilà une chose affreuse! cet homme n'existe pas. On ne retrouvera pas cet homme. Qui est-il? où est-il?

LA REINE.

Il est ici.

GILBERT, *sortant du milieu des soldats derrière lesquels il est resté caché jusqu'alors.*

C'est moi.

LA REINE.

En conséquence des déclarations de cet homme, nous, Marie, reine, nous accusons devant la chambre aux étoiles cet autre homme, Fabiano Fabiani, comte de Clanbrassil, de haute trahison et d'attentat régicide sur notre personne impériale et sacrée.

FABIANI.

Régicide, moi! c'est monstrueux ! Oh ! ma tête s'égare ! ma vue se trouble ! quel est ce piége? qui que tu sois, misérable, oses-tu affirmer que ce qu'a dit la reine est vrai?

GILBERT.

Oui.

FABIANI.

Je t'ai poussé au régicide, moi ?

GILBERT.

Oui.

FABIANI.

Oui ! toujours oui ! malédiction ! c'est que vous ne pouvez pas savoir à quel point cela est faux, messeigneurs ! cet homme sort de l'enfer. Malheureux ! tu veux me perdre ; mais tu ignores que tu te perds en même temps. Le crime dont tu me charges te charge aussi. Tu me feras mourir, mais tu mourras. Avec un seul mot, insensé, tu fais tomber deux têtes, la mienne et la tienne. Sais-tu cela ?

GILBERT.

Je le sais.

FABIANI.

Mylords, cet homme est payé...

GILBERT.

Par vous. Voici la bourse pleine d'or que vous m'avez donnée pour le crime. Votre blason et votre chiffre y sont brodés.

FABIANI.

Juste ciel ! — Mais on ne représente pas le poignard avec lequel cet homme voulait, dit-on, frapper la reine. Où est le poignard?

LORD CHANDOS.

Le voici.

GILBERT, à Fabiani.

C'est le vôtre. —Vous me l'avez donné pour cela. On en retrouvera le fourreau chez vous.

LE LORD CHANCELIER.

Comte de Clanbrassil, qu'avez-vous à répondre? reconnaissez-vous cet homme?

FABIANI.

Non.

GILBERT.

Au fait, il ne m'a vu que la nuit. —Laissez-moi lui dire deux mots à l'oreille, madame; cela aidera sa mémoire.

Il s'approche de Fabiani. Bas.

—Tu ne reconnais donc personne aujourd'hui, mylord? pas plus l'homme outragé que la femme

9

séduite. Ah ! la reine se venge, mais l'homme du
peuple se venge aussi. Tu m'en avais défié, je crois !
te voilà pris entre les deux vengeances. Mylord,
qu'en dis-tu ? — Je suis Gilbert, le ciseleur !

FABIANI.

Oui ! je vous reconnais. — Je reconnais cet
homme, mylords. Du moment où j'ai affaire à cet
homme, je n'ai plus rien à dire.

LA REINE.

Il avoue !

LE LORD CHANCELIER, à Gilbert.

D'après la loi normande et le statut vingt-cinq
du roi Henri VIII, dans les cas de lèse-majesté au
premier chef, l'aveu ne sauve pas le complice.
N'oubliez point que c'est un cas où la reine n'a pas
le droit de grâce, et que vous mourrez sur l'échafaud comme celui que vous accusez. Réfléchissez.
Confirmez-vous tout ce que vous avez dit ?

GILBERT.

Je sais que je mourrai, et je le confirme.

JANE, à part.

Mon Dieu! si c'est un rêve, il est bien horrible!

LE LORD CHANCELIER, à Gilbert.

Consentez-vous à réitérer vos déclarations la main sur l'évangile?

Il présente l'Évangile à Gilbert, qui y pose la main.

GILBERT.

Je jure, la main sur l'évangile, et avec ma mort prochaine devant les yeux, que cet homme est un assassin; que ce poignard, qui est le sien, a servi au crime; que cette bourse, qui est la sienne, m'a été donnée par lui pour le crime. Que Dieu m'assiste! c'est la vérité!

LE LORD CHANCELIER, à Fabiani.

Mylord, qu'avez-vous à dire?

FABIANI.

Rien. —Je suis perdu!

SIMON RENARD, bas à la Reine.

Votre majesté a fait mander le bourreau; il est là.

LA REINE.

Bon, qu'il vienne.

Les rangs des gentilshommes s'écartent, et l'on voit paraître le bourreau vêtu de rouge et de noir, portant sur l'épaule une longue épée dans son fourreau.

SCÈNE NEUVIÈME.

LES MÊMES, LE BOURREAU.

LA REINE.

Mylord duc de Somerset, ces deux hommes à la Tour!—Mylord Gardiner, notre chancelier, que leur procès commence dès demain devant les douze pairs de la chambre aux étoiles, et que Dieu soit en aide à la vieille Angleterre! Nous entendons que ces hommes soient jugés tous deux avant que nous partions pour Exford, où nous ouvrirons le parlement, et pour Windsor, où nous ferons nos pâques.

Au bourreau.

—Approche-toi! Je suis aise de te voir. Tu es un bon serviteur. Tu es vieux. Tu as déjà vu trois règnes. Il est d'usage que les souverains de ce royaume te fassent un don, le plus magnifique possible, à leur avénement. Mon père, Henri VIII,

t'a donné l'agrafe en diamans de son manteau.
Mon frère, Édouard VI, t'a donné un hanap d'or
ciselé. C'est mon tour maintenant. Je ne t'ai encore
rien donné, moi. Il faut que je te fasse un présent.
Approche.

Montrant Fabiani.

—Tu vois bien cette tête, cette jeune et charmante tête, cette tête qui, ce matin encore, était
ce que j'avais de plus beau, de plus cher et de
plus précieux au monde, eh bien! cette tête, tu la
vois bien, dis? — Je te la donne!

TROISIÈME JOURNÉE.

Lequel des deux?

PERSONNAGES.

LA REINE.

GILBERT.

JANE.

SIMON RENARD.

JOSHUA FARNABY.

Maitre ÉNEAS DULVERTON.

Lord CLINTON.

Un Geolier.

PREMIÈRE PARTIE.

Salle de l'intérieur de la Tour de Londres. Voûte ogive soutenue par de gros piliers. A droite et à gauche, les deux portes basses de deux cachots. A droite, une lucarne qui est censée donner sur la Tamise. A gauche, une lucarne qui est censée donner sur les rues. De chaque côté, une porte masquée dans le mur. Au fond, une galerie avec une sorte de grand balcon fermé par des vitraux et donnant sur les cours extérieures de la Tour.

SCÈNE PREMIÈRE.

GILBERT, JOSHUA.

GILBERT.

Eh bien?

JOSHUA.

Hélas!

GILBERT.

Plus d'espoir?

JOSHUA.

Plus d'espoir !

Gilbert va à la fenêtre.

Oh! tu ne verras rien de la fenêtre !

GILBERT.

Tu t'es informé, n'est-ce pas?

JOSHUA.

Je ne suis que trop sûr !

GILBERT.

C'est pour Fabiani?

JOSHUA.

C'est pour Fabiani.

GILBERT.

Que cet homme est heureux ! malédiction sur moi !

JOSHUA.

Pauvre Gilbert ! ton tour viendra. Aujourd'hui c'est lui, demain ce sera toi.

GILBERT.

Que veux-tu dire? nous ne nous entendons pas. De quoi me parles-tu?

JOSHUA.

De l'échafaud qu'on dresse en ce moment.

GILBERT.

Et moi, je te parle de Jane!

JOSHUA.

De Jane!

GILBERT.

Oui, de Jane! de Jane seulement! que m'importe le reste! tu as donc tout oublié, toi? tu ne te souviens donc plus que depuis un mois, collé aux barreaux de mon cachot d'où l'on aperçoit la rue, je la vois rôder sans cesse, pâle et en deuil, au pied de cette tourelle qui renferme deux hommes, Fabiani et moi? Tu ne te rappelles donc plus mes angoisses, mes doutes, mes incertitudes? pour lequel des deux vient-elle? Je me fais cette question nuit et jour, pauvre misérable! je te l'ai faite à toi-même, Joshua, et tu m'avais promis hier au soir de tâcher de la voir et de lui parler. Oh! dis! sais-tu quelque chose? est-ce pour moi qu'elle vient ou pour Fabiani?

JOSHUA.

J'ai su que Fabiani devait décidément être décapité aujourd'hui, et toi, demain, et j'avoue que depuis ce moment-là je suis comme fou, Gilbert. L'échafaud a fait sortir Jane de mon esprit. Ta mort....

GILBERT.

Ma mort! qu'entends-tu par ce mot? ma mort, c'est que Jane ne m'aime plus. Du jour où je n'ai plus été aimé, j'ai été mort. Oh! vraiment mort, Joshua! Ce qui survit de moi depuis ce temps, ne vaut pas la peine qu'on prendra demain. Oh! vois-tu, tu ne te fais pas d'idée de ce que c'est qu'un homme qui aime! si l'on m'avait dit il y a deux mois : — Jane, votre Jane sans tache, votre Jane si pure, votre amour, votre orgueil, votre lis, votre trésor, Jane se donnera à un autre. En voudrez-vous après?—J'aurais dit : non! je n'en voudrai pas! plutôt mille fois la mort pour elle et pour moi! et j'aurais foulé sous mes pieds celui qui m'eût parlé ainsi. — Eh bien si, j'en veux!—Aujourd'hui, vois-tu bien, Jane n'est plus la Jane sans tache qui avait mon adoration, la Jane dont j'osais à peine effleurer le front de mes lèvres, Jane s'est donnée à un autre, à un misérable, je le sais, eh bien! c'est égal, je l'aime. J'ai le cœur brisé; mais je l'aime. Je baiserais le bas de sa robe, et je lui demanderais pardon si elle voulait de moi. Elle serait dans le ruisseau de la rue avec celles qui y sont que je la ramasserais là, et que je la serrerais sur mon cœur, Joshua!— Joshua! je donnerais, non cent ans de vie, puisque je n'ai plus qu'un jour, mais l'éternité que j'aurai demain, pour la voir me sourire encore une fois, une seule fois avant ma mort, et me dire ce mot adoré qu'elle me disait autrefois : je t'aime! — Joshua! Joshua! c'est comme cela le cœur d'un homme qui aime. Vous croyez que vous tuerez la femme qui vous trompe? non, vous ne la tuerez pas, vous vous coucherez à ses pieds après comme avant, seulement vous serez triste. Tu me trouves faible! Qu'est-ce que j'aurais gagné, moi, à tuer Jane? oh! j'ai le cœur plein d'idées insupportables. Oh! si elle m'aimait encore, que m'importe tout ce qu'elle a fait ! mais elle aime Fabiani ! mais elle aime Fabiani! c'est pour Fabiani qu'elle vient ! Il y a une chose certaine, c'est que je voudrais mourir! aie pitié de moi, Joshua !

JOSHUA.

Fabiani sera mis à mort aujourd'hui.

GILBERT.

Et moi demain.

JOSHUA.

Dieu est au bout de tout.

GILBERT.

Aujourd'hui je serai vengé de lui. Demain il sera vengé de moi.

JOSHUA.

Mon frère, voici le second constable de la Tour, maître Éneas Dulverton. Il faut rentrer. Mon frère, je te reverrai ce soir.

GILBERT.

Oh! mourir sans être aimé! mourir sans être pleuré! Jane!... Jane!... Jane!...

Il rentre dans le cachot.

JOSHUA.

Pauvre Gilbert! mon Dieu! qui m'eût jamais dit que ce qui arrive arriverait?

Il sort. — Entrent Simon Renard et maître Éneas.

SCÈNE DEUXIÈME.

SIMON RENARD, Maitre ÉNEAS DULVERTON.

SIMON RENARD.

C'est fort singulier, comme vous dites, mais que voulez-vous ? la reine est folle, elle ne sait ce qu'elle veut. On ne peut compter sur rien, c'est une femme. Je vous demande un peu ce qu'elle vient faire ici ! tenez, le cœur de la femme est une énigme dont le roi François Iᵉʳ a écrit le mot sur les vitraux de Chambord :

> Souvent femme varie,
> Bien fol est qui s'y fie.

Écoutez, maître Éneas, nous sommes anciens amis. Il faut que cela finisse aujourd'hui. Tout dépend de vous ici. Si l'on vous charge...

Il parle bas à l'oreille de maître Éneas.

— Traînez la chose en longueur, faites-la manquer adroitement. Que j'aie deux heures seulement devant moi, ce soir ce que je veux est fait, demain plus de favori, je suis tout puissant, et après demain vous êtes baronnet et lieutenant de la Tour. Est-ce compris ?

MAITRE ÉNEAS.

C'est compris.

SIMON RENARD.

Bien. J'entends venir. Il ne faut pas qu'on nous voie ensemble. Sortez par là. Moi, je vais au-devant de la reine.

Ils se séparent.

SCÈNE TROISIÈME.

Un Geôlier entre avec précaution, puis il introduit
Lady JANE.

LE GEOLIER.

Vous êtes où vous vouliez parvenir, mylady.
Voici les portes des deux cachots. Maintenant, s'il
vous plaît, ma récompense.

Jane détache son bracelet de diamans et le lui donne.

JANE.

La voilà.

LE GEOLIER.

Merci. Ne me compromettez pas.

Il sort.

JANE, seule.

Mon Dieu! comment faire? c'est moi qui l'ai
perdu, c'est à moi de le sauver. Je ne pourrai jamais. Une femme, cela ne peut rien. L'échafaud!

l'échafaud! c'est horrible! Allons, plus de larmes, des actions. — Mais je ne pourrai pas! je ne pourrai pas! Ayez pitié de moi, mon Dieu! On vient, je crois. Qui parle là? Je reconnais cette voix. C'est la voix de la reine. Ah! tout est perdu!

Elle se cache derrière un pilier. — Entrent la reine et Simon Renard.

SCÈNE QUATRIÈME.

LA REINE, SIMON RENARD, JANE cachée.

LA REINE.

Ah ! le changement vous étonne ! Ah ! je ne me
ressemble plus à moi-même ! Hé bien ! qu'est-ce
que cela me fait ? c'est comme cela. Maintenant je
ne veux plus qu'il meure !

SIMON RENARD.

Votre majesté avait pourtant arrêté hier que
l'exécution aurait lieu aujourd'hui.

LA REINE.

Comme j'avais arrêté avant-hier que l'exécution
aurait lieu hier ; comme j'avais arrêté dimanche
que l'exécution aurait lieu lundi. Aujourd'hui j'arrête que l'exécution aura lieu demain.

SIMON RENARD.

En effet, depuis le deuxième dimanche de l'a-
vent que l'arrêt de la chambre étoilée a été pro-
noncé, et que les deux condamnés sont revenus à
la Tour, précédés du bourreau, la hache tournée
vers leur visage, il y a trois semaines de cela, votre majesté remet chaque jour la chose au lendemain.

LA REINE.

Eh bien ! est-ce que vous ne comprenez pas ce
que cela signifie, monsieur? est-ce qu'il faut tout
vous dire, et qu'une femme mette son cœur à nu
devant vous, parce qu'elle est reine, la malheureuse, et que vous représentez ici le prince d'Espagne mon futur mari? Mon Dieu, monsieur,
vous ne savez pas cela, vous autres, chez une
femme, le cœur a sa pudeur comme le corps. Hé
bien oui, puisque vous voulez le savoir, puisque
vous faites semblant de ne rien comprendre, oui,
je remets tous les jours l'exécution de Fabiani au
lendemain, parce que chaque matin, voyez-vous,
la force me manque à l'idée que la cloche de la
Tour de Londres va sonner la mort de cet homme,

1

parce que je me sens défaillir à la pensée qu'on aiguise une hache pour cet homme, parce que je me sens mourir de songer qu'on va clouer une bière pour cet homme, parce que je suis femme, parce que je suis faible, parce que je suis folle, parce que j'aime cet homme, pardieu ! — En avez-vous assez? êtes-vous satisfait? comprenez-vous? Oh ! je trouverai moyen de me venger un jour sur vous de tout ce que vous me faites dire, allez !

SIMON RENARD.

Il serait temps cependant d'en finir avec Fabiani. Vous allez épouser mon royal maître le prince d'Espagne , madame !

LA REINE.

Si le prince d'Espagne n'est pas content, qu'il le dise, nous en épouserons un autre. Nous ne manquons pas de prétendans. Le fils du roi des Romains, le prince de Piémont, l'infant de Portugal, le cardinal Polus, le roi de Danemarck et lord Courtenay sont aussi bons gentilshommes que lui.

SIMON RENARD.

Lord Courtenay ! lord Courtenay !

LA REINE.

Un baron anglais, monsieur, vaut un prince espagnol. D'ailleurs lord Courtenay descend des empereurs d'Orient. Et puis, fâchez-vous si vous voulez!

SIMON RENARD.

Fabiani s'est fait haïr de tout ce qui a un cœur dans Londres.

LA REINE.

Excepté de moi.

SIMON RENARD.

Les bourgeois sont d'accord sur son compte avec les seigneurs. S'il n'est pas mis à mort aujourd'hui. même comme l'a promis votre majesté...

LA REINE.

Eh bien?

SIMON RENARD.

Il y aura émeute des manans.

LA REINE.

J'ai mes lansquenets.

SIMON RENARD.

Il y aura complot des seigneurs.

LA REINE.

J'ai le bourreau.

SIMON RENARD.

Votre majesté a juré sur le livre d'heures de sa mère qu'elle ne lui ferait pas grâce.

LA REINE.

Voici un blanc-seing qu'il m'a fait remettre, et dans lequel je jure sur ma couronne impériale que je la lui ferai. La couronne de mon père vaut le livre d'heures de ma mère. Un serment détruit l'autre. D'ailleurs, qui vous dit que je lui ferai grâce?

SIMON RENARD.

Il vous a bien audacieusement trahie, madame!

LA REINE.

Qu'est-ce que cela me fait ? Tous les hommes en font autant. Je ne veux pas qu'il meure. Tenez, mylord ,... — monsieur le bailli, veux-je dire ! Mon Dieu ! vous me troublez tellement l'esprit que je ne sais vraiment plus à qui je parle ! — tenez, je sais tout ce que vous allez me dire. Que c'est un homme vil, un lâche, un misérable ! Je le sais comme vous, et j'en rougis ; mais je l'aime. Que voulez-vous que j'y fasse ? J'aimerais peut-être moins un honnête homme. D'ailleurs, qui êtes-vous tous tant que vous êtes ? Valez-vous mieux que lui ? Vous allez me dire que c'est un favori, et que la nation anglaise n'aime pas les favoris. Est-ce que je ne sais pas que vous ne voulez le renverser que pour mettre à sa place le comte de Kildare, ce fat, cet irlandais ! qu'il fait couper vingt têtes par jour ! Qu'est-ce que cela vous fait ? Et ne me parlez pas du prince d'Espagne. Vous vous en moquez bien. Ne me parlez pas du mécontentement de monsieur de Noailles, l'ambassadeur de France. Monsieur de Noailles est un sot, et je le lui dirai à lui-même. D'ailleurs je suis une femme, moi, je veux et je ne veux plus, je ne suis pas tout d'une pièce. La vie de cet homme est nécessaire à ma vie. Ne prenez pas cet air de candeur virginale et de bonne foi, je vous en supplie. Je connais toutes vos intrigues. Entre nous, vous savez comme moi qu'il n'a pas commis le crime pour lequel il est condamné. C'est arrangé. Je ne veux pas que Fabiani meure. Suis-je la maîtresse ou non? Tenez, monsieur le bailli, parlons d'autre chose, voulez-vous?

SIMON RENARD.

Je me retire, madame. Toute votre noblesse vous a parlé par ma voix.

LA REINE.

Que m'importe la noblesse!

SIMON RENARD, à part.

Essayons du peuple.

Il sort avec un profond salut.

LA REINE, seule.

Il est sorti d'un air singulier. Cet homme est ca-

pable d'émouvoir quelque sédition. Il faut que
j'aille en hâte à la maison de ville. — Holà, quelqu'un !

Maître Eneas et Joshua paraissent.

SCÈNE CINQUIÈME.

Les mêmes, moins SIMON RENARD; Maitre ÉNEAS, JOSHUA.

LA REINE.

C'est vous, maître Éneas. Il faut que cet homme et vous, vous vous chargiez de faire évader sur-le-champ le comte de Clanbrassil.

MAITRE ÉNEAS.

Madame.....

LA REINE.

Tenez, je ne me fie pas à vous! je me souviens que vous êtes de ses ennemis. Mon Dieu! je ne suis donc entourée que des ennemis de l'homme que j'aime! Je gage que ce porte-clefs, que je ne connais pas, le hait aussi.

JOSHUA.

C'est vrai, Madame.

LA REINE.

Mon Dieu! mon Dieu! ce Simon Renard est plus roi que je ne suis reine. Quoi! personne à qui me fier ici! personne à qui donner pleins pouvoirs pour faire évader Fabiani!

JANE, sortant de derrière le pilier.

Si, Madame! moi!

JOSHUA, à part.

Jane!

LA REINE.

Toi, qui toi? c'est vous, Jane Talbot? comment êtes-vous ici? Ah! c'est égal! vous y êtes! vous venez sauver Fabiani. Merci. Je devrais vous haïr, Jane, je devrais être jalouse de vous, j'ai mille raisons pour cela. Mais non, je vous aime de l'aimer. Devant l'échafaud, plus de jalousie, rien que l'amour. Vous êtes comme moi, vous lui pardonnez, je le vois bien. Les hommes ne comprennent pas cela, eux. Lady Jane, entendons-nous. Nous sommes bien malheureuses toutes deux, n'est-ce pas? il faut faire évader Fabiani. Je n'ai que vous, il faut bien que je vous prenne. Je suis sûre du moins que vous y mettrez votre cœur. Chargez-vous-en. Messieurs, vous obéirez tous deux à lady Jane en tout ce qu'elle vous prescrira, et vous me répondez sur vos têtes de l'exécution de ses ordres. Embrasse-moi, jeune fille !

JANE.

La Tamise baigne le pied de la Tour de ce côté. Il y a là une issue secrète que j'ai observée. Un bateau à cette issue, et l'évasion se ferait par la Tamise. C'est le plus sûr.

MAITRE ÉNEAS.

Impossible d'avoir un bateau là avant une bonne heure.

JANE.

C'est bien long.

MAITRE ÉNEAS.

C'est bientôt passé. D'ailleurs dans une heure, il fera nuit. Cela vaudra mieux, si sa majesté tient à ce que l'évasion soit secrète.

LA REINE.

Vous avez peut-être raison. Eh bien ! dans une

heure, soit! Je vous laisse, lady Jane, il faut que j'aille à la maison de ville. Sauvez Fabiani!

JANE.

Soyez tranquille, Madame!

La reine sort. Jane la suit des yeux.

JOSHUA, sur le devant du théâtre.

Gilbert avait raison, toute à Fabiani!

SCÈNE SIXIÈME.

LES MÊMES, MOINS LA REINE.

JANE, à maître Éneas.

Vous avez entendu les volontés de la reine. Un bateau là au pied de la Tour, les clefs des couloirs secrets, un chapeau et un manteau.

MAITRE ÉNEAS.

Impossible d'avoir tout cela avant la nuit. Dans une heure, mylady.

JANE.

C'est bien, allez. Laissez-moi avec cet homme.

Maître Éneas sort. Jane le suit des yeux.

JOSHUA, à part, sur le devant du théâtre.

Cet homme! c'est tout simple. Qui a oublié Gil-
·bert ne reconnaît plus Joshua.

Il se dirige vers la porte du cachot de Fabiani et se met en devoir
de l'ouvrir.

JANE.

Que faites-vous là?

JOSHUA.

Je préviens vos désirs, mylady. J'ouvre cette porte.

JANE.

Qu'est-ce que c'est que cette porte?

JOSHUA.

La porte du cachot de mylord Fabiani.

JANE.

Et celle-ci?

JOSHUA.

C'est la porte du cachot d'un autre.

JANE.

Qui? cet autre?

JOSHUA.

Un autre condamné à mort. Quelqu'un que vous ne connaissez pas. Un ouvrier nommé Gilbert.

JANE.

Ouvrez cette porte!

JOSHUA, après avoir ouvert la porte.

Gilbert!

SCÈNE SEPTIÈME.

JANE, GILBERT, JOSHUA.

GILBERT, de l'intérieur du cachot.

Que me veut-on?

Il paraît sur le seuil, aperçoit Jane, et s'appuie tout chancelant
contre le mur.

Jane! — lady Jane Talbot!

JANE, à genoux, sans lever les yeux sur lui.

Gilbert! je viens vous sauver.

GILBERT.

Me sauver!

JANE.

Ecoutez. Ayez pitié, ne m'accablez pas. Je sais
tout ce que vous allez me dire. C'est juste; mais
ne me le dites pas. Il faut que je vous sauve. Tout
est préparé. L'évasion est sûre. Laissez-vous sauver par moi comme par un autre. Je ne demande

11

rien de plus. Vous ne me connaîtrez plus ensuite. Vous ne saurez plus qui je suis. Ne me pardonnez pas, mais laissez-moi vous sauver. Voulez-vous ?

GILBERT.

Merci; mais c'est inutile. A quoi bon vouloir sauver ma vie, lady Jane, si vous ne m'aimez plus ?

JANE, avec joie.

Oh! Gilbert! est-ce bien en effet cela que vous me demandez? Gilbert! est-ce que vous daignez vous occuper encore de ce qui se passe dans le cœur de la pauvre fille? Gilbert! est-ce que l'amour que je puis avoir pour quelqu'un vous intéresse encore et vous paraît valoir la peine que vous vous en informiez? Oh! je croyais que cela vous était bien égal, et que vous me méprisiez trop pour vous inquiéter de ce que je faisais de mon cœur. Gilbert! si vous saviez quel effet me font les paroles que vous venez de me dire. C'est un rayon de soleil bien inattendu dans ma nuit, allez! Oh! écoutez-moi donc, alors! Si j'osais encore m'approcher de vous, si j'osais toucher vos vêtemens, si j'osais prendre votre main dans les miennes, si j'osais encore lever les yeux vers vous et vers le ciel, comme autrefois, savez-vous ce que je vous dirais, à genoux, prosternée, pleurant sur vos pieds, avec des sanglots dans la bouche et la joie des anges dans le cœur? Je vous dirais : Gilbert, je t'aime!

GILBERT, la saisissant dans ses bras avec emportement.

Tu m'aimes!

JANE.

Oui, je t'aime!

GILBERT.

Tu m'aimes! — Elle m'aime, mon Dieu! c'est bien vrai, c'est bien elle qui me le dit, c'est bien sa bouche qui a parlé, Dieu du ciel!

JANE.

Mon Gilbert!

GILBERT.

Tu as tout préparé pour mon évasion, dis-tu? Vite! vite! la vie! Je veux la vie, Jane m'aime! cette voûte s'appuie sur ma tête et l'écrase. J'ai besoin d'air. Je meurs ici. Fuyons vite! viens-nous-en, Jane! Je veux vivre, moi! je suis aimé.

JANE.

Pas encore. Il faut un bateau. Il faut attendre la

nuit. Mais sois tranquille, tu es sauvé. Avant une
heure, nous serons dehors. La reine est à la maison
de ville, et ne reviendra pas de sitôt. Je suis maîtresse ici. Je t'expliquerai tout cela.

GILBERT.

Une heure d'attente, c'est bien long. Oh! il me
tarde de ressaisir la vie et le bonheur! Jane, Jane!
tu es là! Je vivrai! tu m'aimes! Je reviens de l'enfer! Retiens-moi, je ferais quelques folies, vois-tu.
Je rirais, je chanterais. Tu m'aimes donc?

JANE.

Oui! — Je t'aime! Oui, je t'aime! et vois-tu,
Gilbert, crois-moi bien, ceci est la vérité comme
au lit de la mort, — je n'ai jamais aimé que toi!
même dans ma faute, même au fond de mon
crime, je t'aimais! A peine ai-je été tombée aux
bras du démon qui m'a perdue, que j'ai pleuré
mon ange!

GILBERT.

Oublié! pardonné! Ne parle plus de cela, Jane.
Oh! que m'importe le passé! qui est-ce qui résis-
terait à ta voix! qui est-ce qui ferait autrement

que moi! Oh oui! je te pardonne bien tout, mon enfant bien aimé! Le fond de l'amour, c'est l'indulgence, c'est le pardon. Jane, la jalousie et le désespoir ont brûlé les larmes dans mes yeux. Mais je te pardonne, mais je te remercie, mais tu es pour moi la seule chose vraiment rayonnante de ce monde, mais à chaque mot que tu prononces, je sens une douleur mourir et une joie naître dans mon ame! Jane! relevez votre tête, tenez-vous droite là, et regardez-moi. — Je vous dis que vous êtes mon enfant.

JANE.

Toujours généreux! toujours! mon Gilbert bien aimé!

GILBERT.

Oh! Je voudrais être déjà dehors, en fuite, bien loin, libre avec toi! Oh! cette nuit qui ne vient pas! — Le bateau n'est pas là. — Jane! nous quitterons Londres tout de suite, cette nuit. Nous quitterons l'Angleterre. Nous irons à Venise. Ceux de mon métier gagnent beaucoup d'argent là. Tu seras à moi... — Oh! mon Dieu! je suis insensé, j'oubliais quel nom tu portes! Il est trop beau, Jane!

JANE.

Que veux-tu dire?

GILBERT.

Fille de lord Talbot.

JANE.

J'en sais un plus beau.

GILBERT.

Lequel?

JANE.

Femme de l'ouvrier Gilbert.

GILBERT.

Jane!.....

JANE.

Oh non! oh! ne crois pas que je te demande cela. Oh! je sais bien que j'en suis indigne. Je ne leverai pas mes yeux si haut ; je n'abuserai pas à ce point du pardon. Le pauvre ciseleur Gilbert ne se mésalliera pas avec la comtesse de Waterford. Non, je te suivrai, je t'aimerai, je ne te quitterai jamais. Je me coucherai le jour à tes pieds, la nuit à ta porte. Je te regarderai travailler, je t'aiderai, je te donnerai ce qu'il te faudra. Je serai pour toi quelque chose de moins qu'une sœur, quelque chose de plus qu'un chien. Et si tu te maries, Gilbert,—car il plaira à Dieu que tu finisses par trouver une femme pure et sans tache, et digne de toi,—eh bien! si tu te maries, et si ta femme est bonne, et si elle veut bien, je serai la servante de ta femme. Si elle ne veut pas de moi, je m'en irai, j'irai mourir où je pourrai. Je ne te quitterai que dans ce cas-là. Si tu ne te maries pas, je resterai près de toi, je serai bien douce et bien résignée, tu verras; et si l'on pense mal de me voir avec toi, on pensera ce qu'on voudra. Je n'ai plus à rougir, moi, vois-tu? je suis une pauvre fille.

GILBERT, tombant à ses pieds.

Tu es un ange! tu es ma femme!

JANE.

Ta femme! tu ne pardonnes donc que comme Dieu, en purifiant? Ah! sois béni, Gilbert, de me mettre cette couronne sur le front.

Gilbert se relève et la serre dans ses bras. Pendant qu'ils se tiennent étroitement embrassés, Joshua vient prendre la main de Jane.

JOSHUA.

C'est Joshua, lady Jane.

GILBERT.

Bon Joshua!

JOSHUA.

Tout à l'heure vous ne m'avez pas reconnu.

JANE.

Ah! c'est que c'est par lui que je devais commencer.

Joshua lui baise les mains.

GILBERT, la serrant dans ses bras.

Mais quel bonheur! mais est-ce que c'est bien réel tout ce bonheur-là?

Depuis quelques instans, on entend au dehors un bruit éloigné, des cris confus, un tumulte. Le jour baisse.

JOSHUA.

Qu'est-ce que c'est que ce bruit?

Il va à la fenêtre qui donne sur la rue.

JANE.

Oh! mon Dieu! pourvu qu'il n'aille rien arriver!

JOSHUA.

Une grande foule là-bas. Des pioches; des piques; des torches. Les pensionnaires de la reine à cheval et en bataille. Tout cela vient par ici. Quels cris! Ah diable! On dirait une émeute de populaire.

JANE.

Pourvu que ce ne soit pas contre Gilbert!

CRIS ÉLOIGNÉS.

Fabiani! Mort à Fabiani!

JANE.

Entendez-vous?

JOSHUA.

Oui.

JANE.

Que disent-ils?

JOSHUA.

Je ne distingue pas.

JANE.

Ah! mon Dieu! mon Dieu!

Entrent précipitamment par la porte masquée maitre Enéas
et un batelier.

SCÈNE HUITIÈME.

Les mêmes, Maitre ÉNEAS, un Batelier.

MAITRE ENEAS.

Mylord Fabiani! mylord! Pas un instant à perdre. On a su que la reine voulait sauver votre vie. Il y a sédition du populaire de Londres contre vous. Dans un quart d'heure, vous seriez déchiré. Mylord, sauvez-vous! Voici un manteau et un chapeau. Voici les clefs. Voici un batelier. N'oubliez pas que c'est à moi que vous devez tout cela. Mylord, hâtez-vous!

Bas au batelier.

— Tu ne te presseras pas.

JANE.

Elle couvre en hâte Gilbert du manteau et du chapeau.

Bas à Joshua.

Ciel! pourvu que cet homme ne reconnaisse pas...

MAITRE ENEAS, regardant Gilbert en face,

Mais quoi! ce n'est pas lord Clanbrassil! Vous

n'exécutez pas les ordres de la reine, mylady! Vous
en faites évader un autre!

JANE.

Tout est perdu!... J'aurais dû prévoir cela! Ah
Dieu! monsieur, c'est vrai, ayez pitié...

MAITRE ENEAS, bas à Jane.

Silence! Faites! Je n'ai rien dit, je n'ai rien vu.

Il se retire au fond du théâtre d'un air d'indifférence.

JANE.

Que dit-il?... Ah! la Providence est donc pour
nous! Ah! tout le monde veut donc sauver Gilbert!

JOSHUA.

Non, lady Jane. Tout le monde veut perdre
Fabiani.

Pendant toute cette scène, les cris redoublent au dehors.

JANE.

Hâtons-nous, Gilbert! Viens vite!

JOSHUA.

Laissez-le partir seul.

JANE.

Le quitter!

JOSHUA.

Pour un instant. Pas de femme dans le bateau, si vous voulez qu'il arrive à bon port. Il y a encore trop de jour. Vous êtes vêtue de blanc. Le péril passé, vous vous retrouverez. Venez avec moi par ici. Lui par là.

JANE.

Joshua a raison. Où te retrouverai-je, mon Gilbert?

GILBERT.

Sous la première arche du pont de Londres.

JANE.

Bien. Pars vite. Le bruit redouble. Je te voudrais loin!

JOSHUA.

Voici les clefs. Il y a douze portes à ouvrir et à fermer d'ici au bord de l'eau. Vous en avez pour un bon quart d'heure.

JANE.

Un quart d'heure! Douze portes! c'est affreux!

GILBERT, l'embrassant.

Adieu, Jane. Encore quelques instants de séparation, et nous nous rejoindrons pour la vie.

JANE.

Pour l'éternité !

Au batelier.

— Monsieur, je vous le recommande.

MAITRE ENEAS, bas au batelier.

De crainte d'accident, ne te presse pas.

Gilbert sort avec le batelier.

JOSHUA.

Il est sauvé ! A nous maintenant ! Il faut fermer ce cachot.

Il referme le cachot de Gilbert.

— C'est fait. Venez vite, par ici !

Il sort avec Jane par l'autre porte masquée.

MAITRE ENEAS, seul.

Le Fabiani est resté au piége ! Voilà une petite femme fort adroite que maître Simon Renard eût payée bien cher. Mais comment la reine prendra-t-elle la chose ? Pourvu que cela ne retombe pas sur moi !

Entrent à grands pas par la galerie Simon Renard et la Reine. Le tumulte extérieur n'a cessé d'augmenter. La nuit est presque tout-à-fait tombée. — Cris de mort ; flambeaux ; torches ; bruit des vagues de la foule ; cliquetis d'armes ; coups de feu ; piétinemens de chevaux. Plusieurs gentilshommes, la dague au poing, accompagnent la Reine. Parmi eux, le héraut d'Angleterre, Clarence, portant la bannière royale, et le héraut de l'ordre de la jarretière, Jarretière, portant la bannière de l'ordre.

SCÈNE NEUVIÈME.

LA REINE, SIMON RENARD, Maitre ÉNEAS, Lord CLINTON, les deux Hérauts, Seigneurs, Pages, etc.

LA REINE, bas à maître Eneas.

Fabiani est-il évadé ?

MAITRE ENEAS.

Pas encore.

LA REINE.

Pas encore !

Elle le regarde fixement d'un air terrible.

MAITRE ENEAS, à part.

Diable !

CRIS DU PEUPLE, au-dehors.

Mort à Fabiani !

SIMON RENARD.

Il faut que votre majesté prenne un parti sur-le-champ, madame. Le peuple veut la mort de cet homme. Londres est en feu. La Tour est investie. L'émeute est formidable. Les nobles de ban ont été taillés en pièces au pont de Londres. Les pensionnaires de votre majesté tiennent encore; mais votre majesté n'en a pas moins été traquée de rue en rue, depuis la maison de ville jusqu'à la Tour. Les partisans de madame Élisabeth sont mêlés au peuple. On sent qu'ils sont là, à la malignité de l'émeute. Tout cela est sombre. Qu'ordonne votre majesté?

CRIS DU PEUPLE.

Fabiani! Mort à Fabiani!

Ils grossissent et se rapprochent de plus en plus.

LA REINE.

Mort à Fabiani! Mylords, entendez-vous ce peuple qui hurle? Il faut lui jeter un homme. La populace veut à manger.

SIMON RENARD.

Qu'ordonne votre majesté?

LA REINE.

Pardieu, mylords, vous tremblez tous autour de moi, il me semble. Sur mon ame, faut-il que ce soit une femme qui vous enseigne votre métier de gentilshommes! A cheval, mylords, à cheval. Est-ce que la canaille vous intimide? Est-ce que les épées ont peur des bâtons?

SIMON RENARD.

Ne laissez pas les choses aller plus loin. Cédez, madame, pendant qu'il en est temps encore. Vous pouvez encore dire la canaille, dans une heure vous seriez obligée de dire le peuple.

Les cris redoublent, le bruit se rapproche.

LA REINE.

Dans une heure!

SIMON RENARD, allant à la galerie et revenant.

Dans un quart d'heure, madame. Voici que la première enceinte de la Tour est forcée. Encore un pas, le peuple est ici.

LE PEUPLE.

A la Tour! à la Tour! Fabiani! mort à Fabiani!

LA REINE.

Qu'on a bien raison de dire que c'est une horrible chose que le peuple! Fabiano!

12

SIMON RENARD.

Voulez-vous le voir déchirer sous vos yeux dans un instant ?

LA REINE.

Mais savez-vous qu'il est infâme qu'il n'y en ait pas un de vous qui bouge, messieurs! mais au nom du ciel, défendez-moi donc !

LORD CLINTON.

Vous, oui, madame; Fabiani, non.

LA REINE.

Ah ciel! Eh bien oui! je le dis tout haut, tant pis ! Fabiano est innocent! Fabiano n'a pas commis le crime pour lequel il est condamné. C'est moi, et celui-ci, et le ciseleur Gilbert, qui avons tout fait, tout inventé, tout supposé. Pure comédie! Osez me démentir, monsieur le bailli! Maintenant, messieurs, le défendrez-vous? Il est innocent, vous dis-je. Sur ma tête, sur ma couronne, sur mon Dieu, sur l'ame de ma mère, il est innocent du crime! Cela est aussi vrai qu'il est vrai que vous êtes là, lord Clinton ! Défendez-le. Exterminez ceux-ci, comme vous avez exterminé Tom Wyat, mon brave Clinton, mon vieil ami, mon bon Robert! Je vous jure qu'il est faux que Fabiano ait voulu assassiner la reine.

LORD CLINTON.

Il y a une autre reine qu'il a voulu assassiner, c'est l'Angleterre.

Les cris continuent dehors.

LA REINE.

Le balcon! ouvrez le balcon! Je veux prouver moi-même au peuple qu'il n'est pas coupable!

SIMON RENARD.

Prouvez au peuple qu'il n'est pas italien!

LA REINE.

Quand je pense que c'est un Simon Renard, une créature du cardinal de Granvelle, qui ose me parler ainsi! Eh bien, ouvrez cette porte! ouvrez ce cachot! Fabiano est là; je veux le voir, je veux lui parler.

SIMON RENARD, bas.

Que faites-vous? Dans son propre intérêt, il est inutile de faire savoir à tout le monde où il est.

LE PEUPLE.

Fabiani à mort ! Vive Élisabeth !

SIMON RENARD.

Les voilà qui crient vive Élisabeth, maintenant.

LA REINE.

Mon Dieu ! mon Dieu !

SIMON RENARD.

Choisissez, madame :

Il désigne d'une main la porte du cachot.

—Ou cette tête au peuple,

Il désigne de l'autre main la couronne que porte la Reine.

—Ou cette couronne à madame Élisabeth.

LE PEUPLE.

Mort ! mort ! Fabiani ! Élisabeth !

Une pierre vient casser une vitre à côté de la Reine.

SIMON RENARD.

Votre majesté se perd sans le sauver. La deuxième cour est forcée. Que veut la reine ?

LA REINE.

Vous êtes tous des lâches, et Clinton tout le pre-

mier! Ah! Clinton, je me souviendrai de cela,
mon ami!

SIMON RENARD.

Que veut la reine?

LA REINE.

Oh! être abandonnée de tous! Avoir tout dit
sans rien obtenir! Qu'est-ce que c'est donc que ces
gentilshommes-là? Ce peuple est infâme. Je voudrais le broyer sous mes pieds. Il y a donc des cas
où une reine ce n'est qu'une femme! Vous me le
paierez tous bien cher, messieurs!

SIMON RENARD.

Que veut la reine?

LA REINE, accablée.

Ce que vous voudrez! Faites ce que vous voudrez! Vous êtes un assassin!

A part.
— Oh! Fabiano!

SIMON RENARD.

Clarence! Jarretière! à moi! — Maître Énéas,
ouvrez le grand balcon de la galerie.

Le balcon du fond s'ouvre. Simon Renard y va, Clarence à sa droite,
Jarretière à sa gauche. Immense rumeur au dehors.

LE PEUPLE.

Fabiani! Fabiani!

SIMON RENARD, au balcon, tourné vers le peuple.

Au nom de la reine!

LES HÉRAUTS.

Au nom de la reine!

Profond silence au dehors.

SIMON RENARD.

Manans! la reine vous fait savoir ceci: Aujour-d'hui, cette nuit même, une heure après le couvre-feu, Fabiano Fabiani, comte de Clanbrassil, couvert d'un voile noir de la tête aux pieds, bail-lonné d'un baillon de fer, une torche de cire jaune du poids de trois livres à la main, sera mené aux flambeaux de la Tour de Londres par Charing-Cross, au Vieux-Marché de la Cité, pour y être publiquement marri et décapité, en répa-ration de ses crimes de haute trahison au premier chef et d'attentat régicide sur la personne impé-riale de Sa Majesté.

Un immense battement de mains éclate au-dehors.

LE PEUPLE.

Vive la reine! mort à Fabiani!

SIMON RENARD, continuant.

Et pour que personne dans cette ville de Londres n'en ignore, voici ce que la reine ordonne : — Pendant tout ce trajet que fera le condamné de la Tour de Londres au Vieux-Marché, la grosse cloche de la Tour tintera. Au moment de l'exécution, trois coups de canon seront tirés. Le premier, quand il montera sur l'échafaud ; le second, quand il se couchera sur le drap noir ; le troisième, quand sa tête tombera.

Applaudissemens.

LE PEUPLE.

Illuminez ! illuminez !

SIMON RENARD.

Cette nuit, la Tour et la cité de Londres seront illuminées de flammes et flambeaux, en signe de joie. J'ai dit.

Applaudissemens.

Dieu garde la vieille charte d'Angleterre !

LES DEUX HÉRAUTS.

Dieu garde la vieille charte d'Angleterre !

LE PEUPLE.

Fabiani à mort ! Vive Marie ! Vive la reine !

Le balcon se referme. Simon Renard vient à la Reine.

SIMON RENARD.

Ce que je viens de faire ne me sera jamais pardonné par la princesse Élisabeth.

LA REINE.

Ni par la reine Marie. — Laissez-moi, monsieur !

Elle congédie du geste tous les assistans.

SIMON RENARD, bas à maître Éneas.

Maître Éneas, veillez à l'exécution.

MAITRE ÉNEAS.

Reposez-vous sur moi.

Simon Renard sort. Au moment où maître Eneas va sortir, la Reine court à lui, le saisit par le bras, et le ramène violemment sur le devant du théâtre.

SCÈNE DIXIÈME.

LA REINE, Maitre ÉNEAS.

CRIS DU DEHORS.

Mort à Fabiani! Fabiani! Fabiani!

LA REINE.

Laquelle des deux têtes crois-tu qui vaille le mieux en ce moment, celle de Fabiani ou la tienne?

MAITRE ÉNEAS.

Madame...

LA REINE.

Tu es un traître !

MAITRE ÉNEAS.

Madame!...

A part.

— Diable !

LA REINE.

Pas d'explications. Je le jure par ma mère, Fabiano mort, tu mourras.

MAITRE ÉNEAS.

Mais, madame...

LA REINE.

Sauve Fabiano, tu te sauveras. Pas autrement.

CRIS.

Fabiani à mort! Fabiani!

MAITRE ÉNEAS.

Sauver lord Clanbrassil! Mais le peuple est là. C'est impossible. Quel moyen?...

LA REINE.

Cherche.

MAITRE ÉNEAS.

Comment faire, mon Dieu?

LA REINE.

Fais comme pour toi.

MAITRE ÉNEAS.

Mais le peuple va rester en armes jusqu'après

l'exécution. Pour l'apaiser, il faut qu'il y ait quelqu'un de décapité.

LA REINE.

Qui tu voudras.

MAITRE ÉNEAS.

Qui je voudrai? Attendez, Madame!... — l'exécution se fera la nuit, aux flambeaux, le condamné couvert d'un voile noir, baillonné, le peuple tenu fort loin de l'échafaud par les piquiers,
comme toujours, il suffit qu'il voie une tête tomber. La chose est possible. — Pourvu que le batelier
soit encore là, je lui ai dit de ne pas se presser.

Il va à la fenêtre d'où l'on voit la Tamise.

— Il y est encore! mais il était temps.

Il se penche à la lucarne une torche à la main, en agitant son
mouchoir, puis il se tourne vers la Reine.

— C'est bien. — Je vous réponds de mylord Fabiani, madame.

LA REINE.

Sur ta tête?

MAITRE ÉNEAS.

Sur ma tête!

DEUXIÈME PARTIE.

Une espèce de salle à laquelle viennent aboutir deux escaliers, un qui monte, l'autre qui descend. L'entrée de chacun de ces deux escaliers occupe une partie du fond du théâtre. Celui qui monte se perd dans les frises ; celui qui descend se perd dans les dessous. On ne voit ni d'où partent ces escaliers, ni où ils vont.

La salle est tendue de deuil d'une façon particulière : le mur de droite, le mur de gauche et le plafond, d'un drap noir coupé d'une grande croix blanche ; le fond, qui fait face au spectateur, d'un drap blanc avec une grande croix noire. Cette tenture noire et cette tenture blanche se prolongent chacune de leur côté, à perte de vue, sous les deux escaliers. A droite et à gauche, un autel tendu de noir et de blanc, décoré comme pour des funérailles. Grands cierges, pas de prêtres. Quelques rares lampes funèbres, pendues çà et là aux voûtes, éclairent faiblement la salle et les escaliers. Ce qui éclaire réellement la salle, c'est le grand drap blanc du fond, à travers lequel passe une lumière rougeâtre comme s'il y avait derrière une immense fournaise flamboyante. La salle est pavée de dalles tumulaires. — Au lever du rideau, on voit se dessiner en noir sur ce drap transparent l'ombre immobile de la Reine.

———

SCÈNE PREMIÈRE.

JANE, JOSHUA.

Ils entrent avec précaution en soulevant une des tentures noires par quelque petite porte pratiquée là.

JANE.

Où sommes-nous, Joshua ?

JOSHUA.

Sur le grand palier de l'escalier par où descendent les condamnés qui vont au supplice. Cela a été tendu ainsi sous Henri VIII.

JANE.

Aucun moyen de sortir de la Tour?

JOSHUA.

Le peuple garde toutes les issues. Il veut être sûr cette fois d'avoir son condamné. Personne ne pourra sortir avant l'exécution.

JANE.

La proclamation qu'on a faite du haut de ce balcon me résonne encore dans l'oreille. L'avez-vous
entendue, quand nous étions en bas? Tout ceci
est horrible, Joshua!

JOSHUA.

Ah! j'en ai vu bien d'autres, moi!

JANE.

Pourvu que Gilbert ait réussi à s'évader! Le
croyez-vous sauvé, Joshua?

JOSHUA.

Sauvé! J'en suis sûr.

JANE.

Vous en êtes sûr, bon Joshua?

JOSHUA.

La Tour n'était pas investie du côté de l'eau. Et
puis, quand il a dû partir, l'émeute n'était pas ce
qu'elle a été depuis. C'était une belle émeute, savez-
vous!

JANE.

Vous êtes sûr qu'il est sauvé?

JOSHUA.

Et qu'il vous attend, à cette heure, sous la première arche du pont de Londres, où vous le rejoindrez avant minuit.

JANE.

Mon Dieu! Il va être inquiet de son côté.

Apercevant l'ombre de la Reine.

— Ciel! qu'est-ce que c'est que cela, Joshua?

JOSHUA, bas en lui prenant la main.

Silence! — C'est la lionne qui guette.

Pendant que Jane considère cette silhouette noire avec terreur, on entend une voix éloignée, qui paraît venir d'en haut, prononcer lentement et distinctement ces paroles :

— Celui qui marche à ma suite, couvert de ce voile noir, c'est très-haut et très-puissant seigneur Fabiano Fabiani, comte de Clanbrassil, baron de Dinasmonddy, baron de Darmouth en Devonshire, lequel va être décapité au marché de Londres, pour crime de régicide et de haute trahison. — Dieu fasse miséricorde à son ame!

UNE AUTRE VOIX.

Priez pour lui!

JANE, tremblante.

Joshua! entendez-vous?

JOSHUA.

Oui. Moi, j'entends de ces choses-là tous les jours.

> Un cortége funèbre paraît au haut de l'escalier, sur les degrés duquel il se développe lentement à mesure qu'il descend. En tête, un homme vêtu de noir, portant une bannière blanche à croix noire. Puis maître Eneas Dulverton, en grand manteau noir, son bâton blanc de constable à la main. Puis un groupe de pertuisaniers vêtus de rouge. Puis le bourreau, sa hache sur l'épaule, le fer tourné vers celui qui le suit. Puis un homme entièrement couvert d'un grand voile noir qui traîne sur ses pieds. On ne voit de cet homme que son bras nu qui passe par une ouverture faite au linceul, et qui porte une torche de cire jaune allumée. A côté de cet homme, un prêtre en costume du jour des Morts. Puis un groupe de pertuisaniers en rouge. Puis un homme vêtu de blanc portant une bannière noire à croix blanche. A droite et à gauche deux files de hallebardiers portant des torches.

JANE.

Joshua! voyez-vous?

JOSHUA.

Oui. Je vois de ces choses-là tous les jours, moi.

> Au moment de déboucher sur le théâtre, le cortége s'arrête.

MAITRE ENEAS.

Celui qui marche à ma suite, couvert de ce voile noir, c'est très-haut et très-puissant seigneur Fabiano Fabiani, comte de Clanbrassil, baron de Dinasmonddy, baron de Darmouth en Devonshire, lequel va être décapité au Marché-de-Londres, pour crime de régicide et de haute trahison.—Dieu fasse miséricorde à son ame !

LES DEUX PORTE-BANNIÈRE.

Priez pour lui !

Le cortége traverse lentement le fond du théâtre.

JANE.

C'est une chose terrible que nous voyons là, Joshua. Cela me glace le sang.

JOSHUA.

Ce misérable Fabiani !

JANE.

Paix, Joshua ! Bien misérable, mais bien malheureux !

Le cortége arrive à l'autre escalier. Simon Renard, qui, depuis quelques instants, a paru à l'entrée de cet escalier et a tout observé, se range pour le laisser passer. Le cortége s'enfonce sous la voûte de l'escalier, où il disparaît peu à peu. Jane le suit des yeux avec terreur.

SIMON RENARD, après que le cortége a disparu.

Qu'est-ce que cela signifie? Est-ce bien là Fabiani? Je le croyais moins grand. Est-ce que maître Eneas?... Il me semble que la reine l'a gardé auprès d'elle un instant. Voyons donc !

Il s'enfonce sous l'escalier à la suite du cortége.

VOIX, qui s'éloigne de plus en plus.

Celui qui marche à ma suite, couvert de ce voile noir, c'est très-haut et très-puissant seigneur Fabiano Fabiani, comte de Clanbrassil, baron de Dinasmonddy, baron de Darmouth en Devonshire, lequel va être décapité au Marché-de-Londres, pour crime de régicide et de haute trahison.— Dieu fasse miséricorde à son ame!

AUTRES VOIX, presque indistinctes.

Priez pour lui!

JOSHUA.

Le grosse cloche va annoncer tout à l'heure sa sortie de la Tour. Il vous sera peut-être possible maintenant de vous échapper. Il faut que je tâche d'en trouver les moyens. Attendez-moi là; je vais revenir.

JANE.

Vous me laissez, Joshua? Je vais avoir peur, seule ici, mon Dieu!

JOSHUA.

Vous ne pourriez parcourir toute la Tour avec moi sans péril. Il faut que je vous fasse sortir de la Tour. Pensez que Gilbert vous attend.

JANE.

Gilbert! tout pour Gilbert! Allez!

Joshua sort.

JANE, seule.

Oh! quel spectacle effrayant! quand je songe que cela eût été ainsi pour Gilbert!

Elle s'agenouille sur les degrés de l'un des autels.

—Oh! merci! vous êtes bien le Dieu sauveur! Vous avez sauvé Gilbert!

Le drap du fond s'entr'ouvre. La Reine paraît; elle s'avance à pas lents vers le devant du théâtre, sans voir Jane.

JANE, se détournant.

Dieu! la reine!

SCÈNE DEUXIÈME.

JANE, LA REINE.

Jane se colle avec effroi contre l'autel, et attache sur la Reine un
regard de stupeur et d'épouvante.

LA REINE.

Elle se tient quelques instans en silence sur le devant du théâtre,
l'œil fixe, pâle, comme absorbée dans une sombre rêverie. Enfin
elle pousse un profond soupir.

Oh! le peuple!

Elle promène autour d'elle avec inquiétude son regard qui rencontre Jane.

— Quelqu'un là! — C'est toi, jeune fille! C'est
vous, lady Jane! Je vous fais peur. Allons, ne
craignez rien. Le guichetier Éneas nous a trahies,
vous savez? Ne craignez donc rien. Enfant, je te l'ai
déjà dit, tu n'as rien à craindre de moi, toi Ce qui
faisait ta perte il y a un mois fait ton salut aujour-
d'hui. Tu aimes Fabiano. Il n'y a que toi et moi sous

le ciel qui ayons le cœur fait ainsi, que toi et moi
qui l'aimions. Nous sommes sœurs.

JANE.

Madame...

LA REINE.

Oui, toi et moi, deux femmes, voilà tout ce
qu'il a pour lui, cet homme. Contre lui tout le
reste ! Toute une cité, tout un peuple, tout un
monde ! Lutte inégale de l'amour contre la haine !
l'amour pour Fabiano, il est triste, épouvanté,
éperdu ; il a ton front pâle, il a mes yeux en larmes ;
il se cache près d'un autel funèbre ; il prie par ta
bouche, il maudit par la mienne. La haine contre
Fabiani, elle est fière, radieuse, triomphante, elle
est armée et victorieuse, elle a la cour, elle a le peuple, elle a des masses d'hommes plein les rues, elle
mâche à la fois des cris de mort et des cris de joie,
elle est superbe, et hautaine, et toute puissante ; elle
illumine toute une ville autour d'un échafaud !
L'amour, le voici, deux femmes vêtues de deuil
dans un tombeau. La haine, la voilà !

Elle tire violemment le drap blanc du fond, qui, en s'écartant, laisse
voir un balcon, et au-delà de ce balcon, à perte de vue, dans une
nuit noire, toute la ville de Londres splendidement illuminée. Ce

qu'on voit de la Tour de Londres est illuminé également. Jane fixe des yeux étonnés sur tout ce spectacle éblouissant dont la réverbération éclaire le théâtre.

LA REINE.

Oh! ville infâme! ville révoltée! ville maudite! ville monstrueuse qui trempe sa robe de fête dans le sang et qui tient la torche au bourreau? Tu en as peur, Jane, n'est-ce pas? Est-ce qu'il ne te semble pas comme à moi qu'elle nous nargue lâchement toutes deux, et qu'elle nous regarde avec ses cent mille prunelles flamboyantes, faibles femmes abandonnées que nous sommes, perdues et seules dans ce sépulcre! Jane! l'entends-tu rire et hurler, l'horrible ville! Oh! l'Angleterre! l'Angleterre à qui détruira Londres! Oh! que je voudrais pouvoir changer ces flambeaux en brandons, ces lumières en flammes, et cette ville illuminée en une ville qui brûle!

Une immense rumeur éclate au dehors. Applaudissemens. Cris confus : — Le voilà! le voilà! Fabiani à mort! — On entend tinter la grosse cloche de la Tour de Londres. A ce bruit, la Reine se met à rire d'un rire terrible.

JANE.

Grand Dieu! voilà le malheureux qui sort....—
Vous riez, madame!

LA REINE.

Oui, je ris !

Elle rit.

— Oui, et tu vas rire aussi ! Mais d'abord il faut
que je ferme cette tenture, il me semble toujours
que nous ne sommes pas seules et que cette affreuse
ville nous voit et nous entend.

Elle ferme le rideau blanc et revient à Jane.

— Maintenant qu'il est sorti, maintenant qu'il n'y
a plus de danger, je puis te dire cela. Mais ris
donc, rions toutes deux de cet exécrable peuple
qui boit du sang. Oh ! c'est charmant ! Jane ! tu
trembles pour Fabiano, sois tranquille ! et ris avec
moi, te dis-je ! Jane ! l'homme qu'ils ont, l'homme
qui va mourir, l'homme qu'ils prennent pour Fabiano, ce n'est pas Fabiano !

Elle rit.

JANE.

Ce n'est pas Fabiano !

LA REINE.

Non !

JANE.

Qui est-ce donc ?

LA REINE.

C'est l'autre.

JANE.

Qui ? l'autre ?

LA REINE.

Tu sais bien, tu le connais, cet ouvrier, cet homme... — D'ailleurs qu'importe ?

JANE, tremblant de tout son corps.

Gilbert ?

LA REINE.

Oui, Gilbert, c'est ce nom-là.

JANE.

Madame ! oh non, madame ! oh ! dites que cela n'est pas, madame ! Gilbert ! ce serait trop horrible ! Il s'est évadé !

LA REINE.

Il s'évadait quand on l'a saisi, en effet. On l'a

mis à la place de Fabiano sous le voile noir. C'est
une exécution de nuit. Le peuple n'y verra rien.
Sois tranquille.

JANE , avec un cri effrayant.

Ah! madame! celui que j'aime, c'est Gilbert!

LA REINE.

Quoi? que dis-tu? perds-tu la raison? Est-ce
que tu me trompais aussi, toi? Ah! c'est ce Gilbert
que tu aimes! Eh bien, que m'importe?

JANE, brisée, aux pieds de la Reine, sanglotant, se traînant sur les
genoux, les mains jointes.

La grosse cloche tinte pendant toute cette scène.

Madame, par pitié! Madame, au nom du ciel!
Madame, par votre couronne, par votre mère, par
les anges! Gilbert! Gilbert! cela me rend folle, madame, sauvez Gilbert! cet homme, c'est ma vie, cet
homme, c'est mon mari, cet homme... je viens de
vous dire qu'il a tout fait pour moi, qu'il m'a élevée,
qu'il m'a adoptée, qu'il a remplacé près de mon berceau mon père qui est mort pour votre mère. Madame, vous voyez bien que je ne suis qu'une pauvre
misérable et qu'il ne faut pas être sévère pour moi.
Ce que vous venez de me dire m'a donné un coup si

terrible que je ne sais vraiment pas comment j'ai
la force de vous parler. Je dis ce que je peux, voyez-
vous. Mais il faut que vous fassiez suspendre l'exécution. Tout de suite. Suspendre l'exécution.
Remettre la chose à demain. Le temps de se recon-
naître, voilà tout. Ce peuple peut bien attendre à
demain. Nous verrons ce que nous ferons. Non, ne
secouez pas la tête. Pas de danger pour votre Fabiano. C'est moi que vous mettrez à la place. Sous
le voile noir, la nuit, qui le saura? mais sauvez
Gilbert ! qu'est-ce que cela vous fait, lui ou moi ?
Enfin ! puisque je veux bien mourir, moi! — Oh
mon Dieu! cette cloche, cette affreuse cloche! chacun des coups de cette cloche est un pas vers l'échafaud. Chacun des coups de cette cloche frappe sur
mon cœur.—Faites cela, madame, ayez pitié ! pas
de danger pour votre Fabiano. Laissez-moi baiser
vos mains. Je vous aime, madame, je ne vous l'ai
pas encore dit ; mais je vous aime bien. Vous êtes
une grande reine. Voyez comme je baise vos belles
mains. Oh! un ordre pour suspendre l'exécution.
Il est encore temps. Je vous assure que c'est très-
possible Ils vont lentement. Il y a loin de la Tour
au Vieux-Marché. L'homme du balcon a dit qu'on
passerait par Charing-Cross. Il y a un chemin plus
court. Un homme à cheval arriverait encore à

temps. Au nom du Ciel, madame, ayez pitié! Enfin, mettez-vous à ma place, supposez que je sois la reine et vous la pauvre fille, vous pleureriez comme moi, et je ferais grâce. Faites grâce, madame! Oh! voilà ce que je craignais, que les larmes ne m'empêchassent de parler. Oh! tout de suite. Suspendre l'exécution. Cela n'a pas d'inconvénient, madame. Pas de danger pour Fabiano, je vous jure! Est-ce que vraiment vous ne trouvez pas qu'il faut faire ce que je dis, madame?

LA REINE, attendrie et la relevant.

Je le voudrais, malheureuse. Ah! tu pleures, oui, comme je pleurais; ce que tu éprouves je viens de l'éprouver. Mes angoisses me font compatir aux tiennes. Tiens, tu vois que je pleure aussi. C'est bien malheureux, pauvre enfant! sans doute, il semble bien qu'on aurait pu en prendre un autre, Tyreonnel, par exemple; mais il est trop connu, il fallait un homme obscur. On n'avait que celui-là sous la main. Je t'explique cela pour que tu comprennes, vois-tu. Oh! mon Dieu! il y a de ces fatalités-là. On se trouve pris. On n'y peut rien.

JANE.

Oui, je vous écoute bien, madame. C'est comme

moi, j'aurais encore plusieurs choses à vous dire;
mais je voudrais que l'ordre de suspendre l'exécution fût signé et l'homme parti. Ce sera une chose
faite, voyez-vous. Nous parlerons mieux après. Oh!
cette cloche! toujours cette cloche!

LA REINE.

Ce que tu veux est impossible, lady Jane.

JANE.

Si, c'est possible. Un homme à cheval. Il y a un
chemin très-court. Par le quai. J'irais, moi. C'est
possible. C'est facile. Vous voyez que je parle avec
douceur.

LA REINE.

Mais le peuple ne voudrait pas, mais il reviēn-
drait tout massacrer dans la Tour, et Fabiano y est
encore, mais comprends donc. Tu trembles, pauvre enfant, moi je suis comme toi, je tremble
aussi. Mets-toi à ma place à ton tour. Enfin, je
pourrais bien ne pas prendre la peine de t'expli-
quer tout cela. Tu vois que je fais ce que je peux.
Ne songe plus à ce Gilbert, Jane! c'est fini. Rési-
gne-toi!

JANE.

Fini ! Non, ce n'est pas fini ! non, tant que cette horrible cloche sonnera, ce ne sera pas fini ! Me résigner ! à la mort de Gilbert ! Est-ce que vous croyez que je laisserai mourir Gilbert ainsi ? Non, madame. Ah ! je perds mes peines ! ah ! vous ne m'écoutez pas. Eh bien ! si la reine ne m'entend pas, le peuple m'entendra ! Ah ! ils sont bons, ceux-là, voyez-vous ! Le peuple est encore dans cette cour. Vous ferez de moi ensuite ce que vous voudrez. Je vais lui crier qu'on le trompe, et que c'est Gilbert, un ouvrier comme eux, et que ce n'est pas Fabiani.

LA REINE.

Arrête, misérable enfant !

Elle lui saisit le bras et la regarde fixement d'un air formidable.

— Ah ! tu le prends ainsi ? ah ! je suis bonne et douce, et je pleure avec toi, et voilà que tu deviens folle et furieuse ! Ah ! mon amour est aussi grand que le tien, et ma main est plus forte que la tienne. Tu ne bougeras pas. Ah, ton amant ! Que m'importe ton amant ? Est-ce que toutes les filles d'Angleterre vont venir me demander compte de leurs

amans, maintenant! Pardieu! je sauve le mien
comme je peux et aux dépens de qui se trouve là.
veillez sur les vôtres!

JANE.

Laissez-moi! — Oh! je vous maudis, méchante
femme!

LA REINE.

Silence!

JANE.

Non, je ne me tairai pas. Et voulez-vous que je
vous dise une pensée que j'ai à présent? Je ne crois
pas que celui qui va mourir soit Gilbert.

LA REINE.

Que dis-tu?

JANE.

Je ne sais pas. Mais je l'ai vu passer sous
ce voile noir. Il me semble que si ç'avait
été Gilbert, quelque chose aurait remué en
moi, quelque chose se serait révolté, quelque chose se serait soulevé dans mon cœur,

et m'aurait crié : Gilbert! c'est Gilbert! Je n'ai
rien senti, ce n'est pas Gilbert!

LA REINE.

Que dis-tu là? Ah! mon Dieu! Tu es insensée,
ce que tu dis là est fou, et cependant cela m'épouvante. Ah! tu viens de remuer une des plus se-
crètes inquiétudes de mon cœur. Pourquoi cette
émeute m'a-t-elle empêchée de surveiller tout moi-
même! Pourquoi m'en suis-je remise à d'autres
qu'à moi du salut de Fabiano? Éneas Dulverton
est un traître. Simon Renard était peut-être là.
Pourvu que je n'aie pas été trahie une deuxième
fois par les ennemis de Fabiano! Pourvu que ce
ne soit pas Fabiano en effet....! — Quelqu'un!
vite quelqu'un! quelqu'un!

Deux geôliers paraissent.

Au premier.

— Vous, courez. Voici mon anneau royal. Dites
qu'on suspende l'exécution. Au Vieux-Marché! au
Vieux-Marché! Il y a un chemin plus court, disais-
tu, Jane?

JANE.

Par le quai.

LA REINE, au geôlier.

Par le quai. Un cheval! Cours vite!

Le geôlier sort.

Au deuxième geôlier.

— Vous, allez sur-le-champ à la tourelle d'É-douard-le-Confesseur. Il y a là les deux cachots des condamnés à mort. Dans l'un de ces cachots, il y a un homme. Amenez-le-moi sur-le-champ.

Le geôlier sort.

— Ah! je tremble! mes pieds se dérobent sous moi; je n'aurais pas la force d'y aller moi-même. Ah! tu me rends folle comme toi! Ah! misérable fille, tu me rends malheureuse comme toi! je te maudis, comme tu me maudis! Mon Dieu! l'homme aura-t-il le temps d'arriver? Quelle horrible anxiété! Je ne vois plus rien. Tout est trouble dans mon esprit. Cette cloche, pour qui sonne-t-elle? Est-ce pour Gilbert? est-ce pour Fabiano?

JANE.

La cloche s'arrête.

LA REINE.

C'est que le cortége est sur la place de l'exé-

14

cution. L'homme n'aura pas eu le temps d'arriver.

On entend un coup de canon éloigné.

JANE.

Ciel!

LA REINE.

Il monte sur l'échafaud.

Deuxième coup de canon.

— Il s'agenouille.

JANE.

C'est horrible!

Troisième coup de canon.

TOUTES DEUX.

Ah!...

LA REINE.

Il n'y en a plus qu'un de vivant. Dans un instant nous saurons lequel. Mon Dieu! celui qui va
entrer, faites que ce soit Fabiano!

JANE.

Mon Dieu! faites que ce soit Gilbert!

Le rideau du fond s'ouvre. Simon Renard paraît, tenant Gilbert
par la main.

JANE.

Gilbert !

Ils se précipitent dans les bras l'un de l'autre.

LA REINE.

Et Fabiano ?

SIMON RENARD.

Mort.

LA REINE.

Mort ?... Mort ! Qui a osé...?

SIMON RENARD.

Moi. J'ai sauvé la reine et l'Angleterre.

FIN.

NOTE.

L'auteur croit devoir prévenir **MM.** les directeurs des théâtres de province que Fabiani ne chante que deux couplets au premier acte, et un seulement au second. Pour tous les détails de mise en scène, ils feront bien de se rapprocher le plus possible du théâtre de la Porte-Saint-Martin, où la pièce a été montée avec un soin et un goût extrêmes.

Quant à la manière dont la pièce est jouée par les acteurs du théâtre de la Porte-Saint-Martin, l'auteur est heureux de joindre ici ses applaudissemens à ceux du public tout entier. Voici la seconde fois dans la même année qu'il met à épreuve le zèle et l'intelligence de cette troupe excellente. Il la félicite et il la remercie.

M. Lockroy, qui avait été tout à la fois si spirituel, si redoutable et si fin dans le don Alphonse de *Lucrèce Borgia*, a prouvé dans Gilbert une rare et merveilleuse souplesse de talent. Il est, selon le besoin du rôle, amoureux et terrible, calme et violent, caressant et jaloux; un ouvrier

15

devant la reine, un artiste aux pieds de Jane. Son jeu, si délicat dans ses nuances et si bien proportionné dans ses effets, allie la tendresse mélancolique de Roméo à la gravité sombre d'Othello.

Mademoiselle Juliette, quoique atteinte à la première représentation d'une indisposition si grave qu'elle n'a pu continuer de jouer le rôle de Jane les jours suivans, a montré dans ce rôle un talent plein d'avenir, un talent souple, gracieux, charmant, tout à la fois intelligent et naïf. L'auteur croit devoir lui exprimer ici sa reconnaissance, ainsi qu'à mademoiselle Ida, qui l'a remplacée, et qui a déployé dans Jane des qualités bien remarquables d'énergie, de passion et de vivacité.

Quant à mademoiselle Georges, il n'en faudrait dire qu'un mot : sublime. Le public a retrouvé dans Marie la grande comédienne et la grande tragédienne de *Lucrèce*. Depuis le sourire charmant par lequel elle ouvre le second acte, jusqu'au cri déchirant par lequel elle clôt la pièce, il n'y a pas une des nuances de son talent qu'elle ne mette admirablement en lumière dans tout le cours de son rôle. Elle crée dans la création même du poète quelque chose qui étonne et qui ravit l'auteur lui-même. Elle caresse, elle effraie, elle attendrit; et c'est un miracle de son talent que la même femme qui vient de vous faire tant frémir vous fasse tant pleurer.

www.ingramcontent.com/pod-product-compliance
Lightning Source LLC
Chambersburg PA
CBHW070601100426
42744CB00006B/369